Geldsozialismus

Die wirklichen Ursachen der neuen globalen Depression

Roland Baader

Geldsozialismus

Die wirklichen Ursachen der neuen globalen Depression

RESCH-VERLAG

Bibliografische Information der Deutschen Nationalbibliothek
Die Deutsche Nationalbibliothek verzeichnet diese Publikation in der Deutschen Nationalbibliografie; detaillierte bibliografische Daten sind im Internet über http://dnb.d-nb.de abrufbar.

Impressum:
1. Auflage 2010

Maria-Eich-Straße 77, D-82166 Gräfelfing

Umschlaggestaltung: Atelier Lehmacher, Friedberg
Satz: FotoSatz Pfeifer, Gräfelfing
Druck + Bindung: SALZLAND DRUCK GmbH & Co. KG, Staßfurt
Printed in Germany

ISBN 978-3-935197-57-1

Vorwort

In meinem Heimatstädtchen gibt es den Brauch, zur Fastnachtszeit lebensgroße Hexenfiguren auf Fenstersimse und Hoftore zu drapieren. Der Betrachter mag beim Anblick der schauerlichen Puppen an den Hexenwahn denken, der in Europa mehr als drei Jahrhunderte lang – besonders vom 15. bis 17. Jahrhundert – gewütet und tausende von grausam gefolterten und verbrannten Opfern gefordert hat. So wie wir Heutigen fassungslos auf eine solche Massenhysterie und einen derart irrationalen Wahn zurückblicken, die ganz Europa befallen hatten, so werden wohl künftige Generationen – falls die Menschheit an der Selbstauslöschung vorbeischrammt – unsere Zeit als Säkulum eines irrationalen Massenwahns sehen. Und die Gelehrten und Gebildeten werden sich fragen: Wie war es möglich, dass unsere Vorfahren zwar Marktwirtschaften errichten wollten, also Ordnungsgebilde der wirtschaftlichen, persönlichen und politischen Freiheit, die ausdrücklich als Gegenbild zu sozialistischen Organisationen verstanden wurden, dass sie aber die sozio-ökonomischen Großsektoren ihrer Gesellschaften, nämlich das Bildungswesen, das Gesundheitswesen und das Rentensystem als kollektivistische Staatsapparate konstruiert haben? Viel schlimmer noch: Wie kamen die Menschen jener Zeit auf die perverse, ja selbstzerstörerische Idee, ihre vermeintlichen Marktwirtschaften auf zwei sozialistischen Fundamenten zu errichten: Auf einem staatsmonopolistischen Zwangsgeld und einem zentralplanwirtschaftlichen System des Zinsdiktats? Sie hätten doch wissen müssen, dass jede auf sozialistischen Grundpfeilern errichtete Wirtschaft und Gesellschaft früher oder später zusammenbrechen muss. Und wieso haben sogar die Deutschen dieses System beibehalten, nachdem es zuvor mit furchtbaren Folgen für das eigene Land und für die Welt zusammengebrochen war, und obwohl sie das gute Beispiel der vorangegangenen Goldgeldzeit erlebt hatten? Wie konnten sie – und praktisch auch alle anderen Völker – sogar dem Aberglauben verfallen und sich von ihren politischen Eliten einreden lassen, dass man mit beliebig gedrucktem und per Federstrich erzeugtem Papiergeld den Reichtum der Nation erhöhen und das Wirtschaftswachstum beschleunigen könne, dass man sich „reich konsumieren“ und „reich verschulden“ könne? Wieso haben sogar die meisten Ökonomen jener Zeit diesem Wahn gefrönt und die Menschen nicht aufgeklärt, sondern sie – erneut – in ihr Verderben rennen lassen? Fragen von immenser Bedeutung, die der Lösung harren. Mag dieses Buch einige wichtige Antworten geben können.

Waghäusel, im Februar 2010
Roland Baader

Zum Gedenken an den Bankier Ferdinand Lips:

„Das Aufgeben von Gold als Geld, von der Disziplin des Goldes, ist der wichtigste Grund, wenn nicht sogar die einzige Begründung dafür, warum unsere Welt ein sehr gefährlicher Ort geworden ist. Meiner Meinung nach ist es die größte Tragödie in der Geschichte der Welt… Aus der Geschichte wissen wir, wie Papiergeld endet. Zum ersten Mal in der Geschichte ist alles Geld der Welt von nichts mehr gedeckt. Das ist das übelste System, das je vom Menschen erfunden wurde.“ (F. Lips in einer Rede von August 2005 in Dawson City, Kanada).

Inhaltsverzeichnis

I. GELD . . . 9
1. Was ist Geld? . . . 9
2. Arten des Geldes . . . 12
3. Gesundes Geld, krankes Geld . . . 13
4. Geld und Macht . . . 15
5. Wie wird Falschgeld geschaffen? . . . 19

II. BANKEN UND ZENTRALBANKEN . . . 22
1. Fractional Reserve Banking und fiat money . . . 22
2. Zentralbanken sind zerstörerische Institutionen . . . 25

III. SCHULDEN . . . 31
1. Staatsverschuldung . . . 31
2. Schulden und Moral . . . 37

IV. INFLATION / DEFLATION . . . 44
1. Inflation . . . 44
2. Deflation . . . 59
3. Große Depression der 1930er Jahre . . . 66

V. ZYKLEN . . . 79
1. Booms and Busts . . . 79
2. Die Rolle des Zinses . . . 84
3. Österreichische Zyklustheorie . . . 91

VI. ÖKONOMEN . . . 100
1. Geld-Spinner . . . 100
2. Keynesianer und Austrians . . . 112

VII. AKTUELLE WELTFINANZKRISE . . . 129
1. Art der Krise . . . 129
2. Wer ist schuld? . . . 133

VIII RETTUNG? 140
1. Das „Rettungs“-Desaster 140
2. Entnationalisierung des Geldes. 150

LITERATURVERZEICHNIS 162

I.
GELD

1. Was ist Geld?

Es ist unmöglich, eine Holzschubkarre gegen den zwanzigsten Teil einer lebendigen Kuh zu tauschen. Deshalb ist schon in der Frühzeit aller Kulturen auf lokalen oder regionalen Märkten (z. B. Viehmärkten) Geld zur Erleichterung des Tausches entstanden. Zunächst in Form von gängigen und allgemein benötigten Gütern wie bspw. Getreide. Das als indirektes Tauschmittel (Geld) dienende Gut musste vor allem die Bedingungen erfüllen, einen eigenständigen Nutzwert zu haben, leicht teilbar und über längere Zeit haltbar zu sein. Als man gelernt hatte, der Erde Metalle zu entziehen und diese zu schmelzen, haben sie alsbald die Geldfunktion übernommen, vorzugsweise die Edelmetalle Gold und Silber. Sie wurden zunächst als Granulat oder Nuggets getauscht, später mehr und mehr in Form geschmiedeter oder geprägter Münzen. Aufgrund seiner Seltenheit, Schönheit und Unvergänglichkeit wurde Gold schon vor seiner Nutzung als Geld geschätzt, als Schmuck und als sakrale Opfergabe. Wichtig ist die Feststellung, dass Geld auf freien Märkten entstanden ist. Das indirekte Tauschmittel namens Geld ist ein Geschöpf des Marktes. Erst später schrieben Herrscher aller Art bestimmte Münzgewichte vor und beanspruchten das hoheitliche Monopol zur Prägung und Ausgabe von Münzen.

Mit Zunahme der Handwerks- und Handelsaktivitäten kamen immer mehr Münzen in Umlauf, und für größere Mengen suchten die Eigentümer sichere Aufbewahrungsorte. Diese fanden sie bei Priestern in Tempeln, im Lauf der Zeit aber vermehrt in den gesicherten Kellern und Schatullen von Goldschmieden, wo das Edelmetallgeld gegen Ausgabe von Hinterlegungsscheinen gelagert wurde. Es dauerte nicht lange, bis diese Scheine, die ja Hinterlegungszertifikate für faktisch vorhandenes Gold und Silber darstellten, selber als Geld in Umlauf kamen. Sie waren so wertvoll wie Gold und Silber, aber leichter zu handhaben und zu transportieren. So wurden aus den Goldschmiedehäusern allmählich Banken, die geschäftsmäßig solche Scheine – also Banknoten ausgaben. Die Bankiers machten die Erfahrung, dass im Lauf der Zeit nur noch wenige der Banknotenbesitzer die Scheine gegen das hinterlegte Edelmetall eintauschen wollten, und so begannen sie, mehr Noten auszugeben – gegen Leihzins (Kreditzins) – als den gelagerten Metallwerten entsprochen hätte. Statt Lagergebühren zu verlangen, konnten sie nun den Hinterlegern Zinsen zahlen, um so die Leute zu vermehrten Einlagen anzureizen. Auf Basis der größeren Hinterlegungsmengen konnten die Bankiers überproportional mehr Kredite vergeben und auf diese Weise ihre Zinseinnahmen steigern. Das war die Geburtsstunde des *Fractional Reserve Banking*, des Bankgeschäfts mit Bruchteilsreserven, bei dem das faktisch als Reserve gehaltene echte Geld (Gold und Silber) nur noch einen schwindenden Prozentsatz der vergebenen Kredite ausmachte. Genau besehen ist das Betrug, denn wenn viele oder alle Einleger ihre Scheine gegen das echte Warengeld einlösen wollten, würde die Bank zusammenbrechen und große Teile der Kundengelder wären verloren.

Geld ist also das jeweils marktgängigste Gut, das wegen eben dieser höchsten Marktgängigkeit als indirektes Tauschmittel allgemein akzeptiert wird. Viele Güter sind in der Geschichte der Menschheit Geld geworden, aber letztlich liefen alle Entwicklungen auf Gold- und Silbermünzen (und Kupfermünzen) von bestimmtem Gewicht und Feingehalt hinaus.

Carl Menger hat in ‚Grundsätze der Volkswirtschaftslehre' (1871) geschrieben: „Das Geld ist kein Produkt des Uebereinkommens der wirthschaftenden Menschen, oder gar das Produkt legislativer Acte. Das Geld ist keine Erfindung der Völker. Die einzelnen wirthschaftenden Individuen im Volke gelangten allerorten mit der steigenden Einsicht in ihre ökonomischen Interessen zugleich auch zu der nahe liegenden Erkenntnis, dass durch die Hingabe minder absatzfähiger Waaren gegen solche von grösserer Absatzfähigkeit ihre speziellen ökonomischen Zwecke um einen bedeutenden Schritt gefördert werden und so entstand das Geld an zahlreichen von einander unabhängigen Culturcentren mit der fortschreitenden Entwicklung der Volkswirtschaft."

In der Terminologie von Friedrich A. von Hayek, einem bedeutenden Nachfolger Mengers an der Universität Wien (und wird ebenso der österreichischen Denkschule der Ökonomie zugeordnet wie Menger, der heute als Gründer der Schule bezeichnet wird), kann man von Geld auch als einer „Spontanen Institution" reden. Wie die Sprache und der Markt, so ist auch das Geld keine bewusst entworfene Einrichtung, sondern das spontan entstandene Ergebnis des sich über unzählige Generationen entwickelnden gemeinsamen Kommunizierens und Handelns der Menschen. Ökonomische Institutionen wie der Markt und das Geld sind das Ergebnis menschlichen Handelns – nicht aber menschlichen Entwurfs. Die Nutzung von Geld ist ein Beispiel für das, was Hayek unter „spontaner Ordnung" verstanden hat. Es hat weder einen Erfinder noch einen Entwerfer oder Planer gegeben, der den Geldgebrauch mit Absicht eingeführt hätte. Vor diesem Hintergrund erkennt man auch, wie falsch eine weitverbreitete Ansicht unter Ökonomen ist, die vereinfacht ausgedrückt besagt: Geld ist alles, was von der Regierung als Geld vorgeschrieben wird. Aus einer Katze wird eben auch dann kein

Hund, wenn sie aufgrund staatlichen Gesetzes ab sofort Hund genannt werden muss.

2. Arten des Geldes

Ludwig von Mises, dessen Publikation ‚Theorie des Geldes und der Umlaufsmittel' (1912 / 1924) m.E. noch immer das bedeutendste wissenschaftliche Werk der Geldtheorie ist, hat vier Arten des Geldes unterschieden. 1) Basismetall-Münzen, 2) Warengeld, 3) Kreditgeld, und 4) fiat money (ungedecktes Papiergeld). Der freie Markt hat das Warengeld als das marktgängigste Gut und als das ihm entsprechende Tauschmittel gewählt, fast immer in Form von Gold und Silber. Geld ist eine Ware, kein Zahlungsversprechen. Kreditgeld hingegen ist ein Zahlungsversprechen, das nicht erfüllt werden kann, wenn alle Besitzer der Kreditgeld-Zertifikate es zugleich und vollständig erfüllt sehen wollen, denn es ist Geld, das mit weniger als 100 % an Münzreserven gedeckt ist. *Fiat money* sind Vertrauenszertifikate, die vom Staat zu Geld erklärt werden, aber durch nichts gedeckt sind. Wenn der Staat das am freien Markt entstandene Geld mit einem Stempel versieht, um Echtheit, Gewicht und Feinheitsgrad zu bestätigen, ist das noch kein Unglück (wenngleich der Anfang vom bösen Ende); wenn er jedoch ein Geldmonopol errichtet, so verletzt er zugleich die zwei wichtigsten Institutionen des freien Marktes (und der Freiheit ganz generell), nämlich das Privateigentum und das Recht des freien Vertragsschlusses, das allen Tauschakten zugrunde liegt. Das Geldangebot bedarf weder eines machtbewehrten Schöpfers noch eines hoheitlichen Regulators der Geldmenge. Der freie Markt sorgt für die Menge des umlaufenden Geldes geradeso wie er die Mengen der Konsum- und Kapitalgüter erzeugt, nämlich nach den Gesetzen von Angebot und Nachfrage und nach Maßgabe des Preises. Geld ist weder ein Konsumgut noch ein Kapitalgut. Deshalb kann man bei einer Vermehrung oder Verminderung seiner Menge auch nicht von einem Zuwachs oder einer Minderung von Wohlfahrt oder Reichtum sprechen. Wohlfahrt und Reichtum ist eine Frage der vorhandenen Menge an Konsum- und Kapitalgütern, nicht der vorhandenen Geldmenge einer Volkswirtschaft.

3. Gesundes Geld, krankes Geld

Das am Markt entstandene Geld, also letztlich die Gold- und Silberwährungen, waren gesundes Geld; das uns vom staatlichen Gewaltmonopol aufgezwungene, durch nichts gedeckte Papiergeld, das *fiat money*, ist krankes Geld. Es ist Falschgeld. Werfen wir einen Blick auf die Krankheitsgeschichte des fiat money am Beispiel USA: Die Föderation der Vereinigten Staaten hatte ursprünglich nur Gold als einzig legales Zahlungsmittel zugelassen. Aber 1690 startete Massachusetts das erste Papiergeld-Experiment durch Ausgabe von sog. *Colonial Notes*. Die anderen Kolonien schlossen sich rasch mit eigenen Papierwährungen an. Die Noten waren zwar in Gold, Silber und einige Agrargüter einlösbar, aber die ausgegebenen Scheine liefen den unterlegten Deckungen rasch davon und wurden fast wertlos. Das nächste Experiment unternahm man während des Revolutions-Krieges mit den sog. *Continentals*. Es brach spektakulär zusammen, und die Amerikaner wollten längere Zeit nichts mehr vom Papiergeld wissen. Mit Gründung des Federal Reserve Systems (Fed) 1913 begann dann der ganz große fiat money-Betrug. Zu Beginn oder im Verlauf des Ersten Weltkrieges wurde der Goldstandard überall aufgegeben. Zwar war der Dollar nach wie vor durch Gold gedeckt, aber diese Verpflichtung nahm alsbald niemand mehr ernst. Das Fed schuf jene Geldmengen, die zu den „Roaring Twenties“ mit nachfolgendem Zusammenbruch führten. Im Jahr 1933 war jeder 20 $-Schein noch durch eine Unze Gold in den Kellern des Federal Reserve Systems gedeckt. In jenem Jahr lehnte die US-Notenbank die Forderung von Präsident Roosevelt ab, die Golddeckung des Dollars weiter herabzusetzen. Daraufhin ließ Roosevelt den privaten Goldbesitz aller Amerikaner konfiszieren. Das Fed fügte sich und druckte mehr Papierdollars. Doch das genügte dem Präsidenten noch nicht und er wertete den Dollar ein Jahr später um 75 % (gegenüber dem Gold) ab. Es enstand eine massive Preisinflation. 1971 schnitt Präsident Nixon die letzte Verbindung des Dollars zum Gold ab, nämlich die bis dahin noch bestehende Goldeinlösepflicht für Dollar-Währungsreserven ausländischer Zentralbanken. Der Goldpreis stieg von 1971 bis 1980 von 35 $ auf 850 $, fiel jedoch später wieder weit zurück.

Unter dem Goldstandard herrschte in den USA 136 Jahre lang Preisstabilität. Die Kaufkraft des Dollars lag 1913 / 1914, bei Gründung des Federal Reserve Systems und Abschaffung des Goldstandards, sogar um 11 % höher als im Jahr 1776. Seit 1913 jedoch ist diese Kaufkraft um 95 % gesunken, fast eine Totalzerstörung. Die Ursache lag und liegt in der Geldmengen-Explosion seit 1913. Deckungsloses Papiergeld kann beliebig vermehrt werden. Und das ist unter der Regie des Fed gründlichst erfolgt. Angebot und Nachfrage bestimmen nicht nur die Güterpreise, sondern auch den Preis des Geldes (die Kaufkraft). Je mehr davon angeboten wird – im Verhältnis zur vorhandenen Gütermenge – desto wertloser wird es.

1913 lag die Bevölkerungszahl der USA bei 97 Millionen. Die Geldmenge M3 betrug damals rund 20 Milliarden Dollar, also 210 $ je Kopf (M1 = Bargeldumlauf plus Sichteinlagen von Nichtbanken / M2 = M1 plus Termingelder von Nichtbanken bis zu 4 Jahren Laufzeit / M3 = M2 plus Spareinlagen von Nichtbanken). Derzeit (Sommer 2009) zählen die Amerikaner 304 Millionen Einwohner – und M3 liegt bei 14 Billionen (trillion) Dollar. Das sind ungefähr 49.000 $ pro Kopf. Anders gesagt: Während sich die amerikanische Bevölkerung seit 1913 verdreifachte, hat sich die Geldmenge des Landes verzweihundertunddreißigfacht. Selbst wenn man davon ausgeht, dass die Geldmenge parallel zum Sozialprodukt steigen sollte – was keineswegs notwendig ist, schon gar nicht, wenn es sich um das preisinflationär aufgeblähte nominelle Sozialprodukt handelt –, ist das Geldangebot seit Gründung des Fed vollständig aus dem Ruder gelaufen. In den letzten 30 Jahren hat sich das Volumen der Güterproduktion in den Industrienationen ungefähr verfünffacht, das Geld- und Kreditvolumen aber rund verfünfzigfacht. Der Dollar wird immer rascher immer wertloser, das heißt, seine Kaufkraft sinkt immer schneller gegen Null. Die Geschichte des Papiergeldes ist eine Geschichte des Scheiterns, von der Antike bis heute.

4. Geld und Macht

Es gibt nur zwei Arten der Herrschaft: Die mit dem Schwert (oder der Kalaschnikow) und die mit Brot und Spielen (sprich: Bestechung oder Stimmenfang, in der modernen Version namens Wohlfahrtsstaat). Für beide Methoden bedarf es gewaltiger Geldmittel. Und zu Geld kommt man nur auf drei Wegen: arbeiten oder betteln oder rauben. Herrscher wählen stets den dritten Weg: Rauben; entweder mit oder ohne begleitende Erpressung und Gewaltandrohung. Und moderne demokratische Staaten wählen als Herrschaftsinstrument vorzugsweise die Bestechungsversion Brot und Spiele – also den Wohlfahrtsstaat. So kommen die Phänomene Raub und Wohlfahrtsstaat zusammen als konstituierende Elemente jeder modernen Herrschaft oder jeden modernen Staates. In früheren Zeiten war das auch nicht anders, aber das Gewicht lag mehr auf dem Schwert als auf Brot und Spielen, und die Geschenke gingen an herrschaftsstützende Eliten; Brot und Spiele *für alle* war eine einsame Ausnahme im späten Rom. Im 20. Jahrhundert hat das Pendel zweimal wieder in Richtung Schwert ausgeschlagen, nämlich mit den zwei Weltkriegen; inzwischen liegt das Schwergewicht wieder auf dem bestecherischen Füllhorn des Sozial- und Wohlfahrtsstaates.

Auf jeden Fall braucht der Staat, um Herrschaftsmacht ausüben zu können, riesige Geldmittel. Da die benötigten Summen astronomische Größenordnungen angenommen haben, reicht das Steuersubstrat schon lange nicht mehr aus, und so hat der Staat überall auf dem Globus einfach das Monopol auf Papiergelderzeugung an sich gerissen, um gigantische Geldmengen aus dem Nichts schaffen zu können. Es war kein Zufall, dass der Goldstandard bei Ausbruch des Ersten Weltkrieges in allen beteiligten Ländern abgeschafft wurde und man mit Hilfe der bereits bestehenden oder neu geschaffenen Zentralbanken auf das beliebig vermehrbare fiat money überging. Mit Gold als Geld – also mit echtem Geld – hätte weder der Erste noch der Zweite Weltkrieg geführt werden können. Allenfalls drei Wochen lang. Und auch der „seichte Grosskrieg“ an der Wohlfahrtsfront ließe sich ohne das Staatsmonopol auf beliebige Geldvermehrung nicht führen. Bezahlt wird er von den Fleißigen und Sparern, denn die Geldmengeninflation ist eine heimliche, aber unheimlich hohe Steuer in Form des Kaufkraftverlustes der Einkommen und Sparvermögen. US-Präsident Hoover hat einmal gesagt: „Papiergeld ermöglicht es den Politikern, die Ersparnisse der Bevölkerung durch Manipulation der Inflation und der Deflation zu konfiszieren. Wir haben Gold [als Währung], weil wir den Regierungen nicht trauen können."

Die Eroberung des Geldes durch den Staat, der damit zum totalen Staat und zum Götzen wurde, hat der israelische Historiker Martin van Crefeld in seinem genialischen Werk ‚The Rise and Fall of the State' eindrücklich beschrieben. Er zeigt auch im geschichtlichen Rückblick, wie bisher alle Papiergeld-Währungen kläglich gescheitert oder spektakulär zusammengebrochen sind, von den Papiergeldversuchen der chinesischen Kaiser vor Beginn unserer Zeitrechnung über den Schah von Iran (1294) und die ersten modernen Versuche in Spanien und Schweden um die Zeit des Dreißigjährigen Krieges, bis zum Experiment von John Law in Frankreich und der Ausgabe der *Greenbacks* durch die amerikanische Regierung während des Bürgerkrieges. Ein Fazit van Crefelds: „Die Ausweitung des staatlichen Zugriffs auf die Gesellschaft und damit die bedeutendste Entwicklung der Jahre 1789 – 1945 wäre unmöglich gewesen, wenn sich der Staat, um seine Ansprüche zu untermauern, nicht auch Geldmittel in beispiellosem Umfang beschafft hätte." (S. 254) Und zur Abkehr der westlichen Industriestaaten vom Goldstandard ab 1914 und zum Übergang auf das papierene fiat money schreibt er: „Nun, da den Staaten endlich die beabsichtigte Eroberung des Geldes gelungen war, besaßen sie dank der absoluten Herrschaft über die Wirtschaft die Möglichkeit, sich gegenseitig in bis dahin und seither beispiellosem Ausmaß und mit ebenso beispielloser Erbitterung zu bekämpfen. Zentrale Planung und zentrale Kontrolle in mehr oder weniger großem Umfang ermöglichten es, dass Hunderttausende von Panzern und Flugzeugen von den Fließbändern direkt in die Schlacht rollten." (S. 271f.)

Zu den unveränderlichen Phänomenen in der Entwicklung des Menschengeschlechtes gehören die Mechanismen der Macht – genauer: die Mechanismen der Herrschaft. Ebenso unveränderlich (oder nur langfristig und ziemlich wenig veränderbar) ist der Mensch mit seinen Trieben und Ängsten, seinen Sehnsüchten und Hoffnungen, seinen Emotionen und Denkgewohnheiten, seinen Grundbedürfnissen und Verhaltensmustern. Die Herrschaftsmechanismen nehmen in der modernen Massendemokratie subtile und schwer durchschaubare Formen an. Gleichwohl bleiben ihre Grundmuster gleich. Die Frage „Wie komme ich zur Herrschaft und wie bleibe ich an der Macht?" lässt sich mit der Benennung von drei grundsätzlichen Strategien beantworten: 1) Man verbreite Angst und verspreche den Leuten sodann Sicherheit und nehme ihnen die Angst vor der Zukunft (genauer: Man tue so, als könne man das). In jüngerer Zeit trugen die verlogenen oder maßlos übertriebenen Gefahren eingängige Namen wie *Saurer Regen*, *Neue Eiszeit*, *Waldsterben, Ozonloch* und *Rinderwahnsinn*; derzeit kommt der Großbetrug im Gewand der *menschengemachten Klimakatastrophe* daher. 2) Man verspreche und gewähre den machtstrategisch wichtigsten und lautesten Wählergruppen Sondervorteile und sage ihnen, vieles von dem, was sie sich wünschen, werde man „kostenlos" bereitstellen. 3) Man befriedige die Neidgefühle und Minderwertigkeitskomplexe der Menschen, am besten unter dem Vorwand der Sorge für „Gerechtigkeit", womit die hässliche Fratze des Neides eine edle Gesichtsmaske bekommt. Dass die Menschen auf diese strategischen Komponenten der Herrschaft positiv reagieren, versteht sich von selbst – sonst wären die Methoden nicht so erfolgreich und ewig gültig. Sie entsprechen den elementaren menschlichen Bedürfnissen, Sehnsüchten und Trieben. All dieses Treiben aber muss finanziert werden, mit unvorstellbar großen Summen. Und diese beschaffen sich die Herrschaftseliten der Welt vermittels des staatlichen

Geldmonopols auf ungedecktes Papiergeld. Merke: Die Wurzel des Übels in Form des endlosen Wucherns des Staates und der totalen Politisierung und Fiskalisierung des Lebens der Bürger ist die beliebige Finanzierbarkeit des Übels durch das beliebig vermehrbare „leichte Geld", das fiat money.

5. Wie wird Falschgeld geschaffen?

Der größte Teil der vorhandenen Geld- und Kreditmenge (Kreditgeldmenge) wird vom Bankensystem erzeugt, und zwar vom sog. *Fractional Reserve Banking* – also dem auf Bruchteilsreserven basierenden Bankwesen. Doch das wird in einem späteren Kapitel behandelt. Hier soll einmal ein Blick auf den Mechanismus geworfen werden, mit dem Zentralbanken Geld aus dem Nichts schaffen. In der Zentralbankbilanz sind die Banknoten auf der Passivseite verbucht, als Schuld der Zentralbank gegenüber den Forderungen auf der Aktivseite (Forderungen gegen Private, gegen den Staat und gegen das Ausland). Diese Forderungen liegen in Form von Wechseln, Schatzwechseln, Wertpapieren und Devisen vor und werden von irgendjemandem (Privatleuten oder staatlichen Institutionen) geschuldet. Gäbe es keine Schulden, gäbe es also auch kein Geld, jedenfalls nicht im Papiergeldsystem. Dem gesamten globalen Geldvermögen stehen also Schulden in gleicher Höhe gegenüber. Die Netto-Position aller weltweiten Bankkonten ist Null. Was wir für Geld halten, ist eine Illusion. Es sind Schulden.

Beispiel für eine besonders rasche Art des Herbeizauberns von Geld durch das Federal Reserve System (im Folgenden kurz das oder die Fed genannt): Die Fed übernimmt die von der Öffentlichkeit nicht gekauften Staatsanleihen und stellt dem Kongress dafür einen Scheck aus. Diesem Scheck steht zunächst kein Bargeld als Deckung gegenüber, aber der US-Staat kann die Schecksumme ausgeben als wären es Geldscheine. Die übernommenen Staatsanleihen werden zur „Reserve“ erklärt und können somit der Erschaffung neuer Kredite an Wirtschaft und Private über das Geschäftsbankensystem dienen. Das Ergebnis dieser Buchhaltungstricks ist das gleiche als würde man Geld auf Druckmaschinen herstellen. Somit haben Regierung und Politik Zugang zu unbegrenzten Geldmengen. Die Banken können ihr Ausleihvolumen vervielfachen und dafür Zinsen kassieren – und die Bürger bezahlen den Spuk heimlich über Kaufkraftverlust. (Da die aus dem Nichts gezauberten Geldsummen zu Staatsausgaben werden, aber auf ein unverändertes Gütervolumen treffen, steigen die Preise.) Die vom Staat ausgegebenen Schuldtitel, Schatzanweisungen, Obligationen, Anleihen oder Bundesschatzbriefe genannt, werden über die Geschäftsbanken vertrieben, die dafür Provisionen kassieren. Die vom Staat zu zahlenden Zinsen werden von den Bürgern in Form von Steuern bezahlt. Private Halter von Staatsanleihen zahlen also die Zinsen selber, die man ihnen gutschreibt. Ab dem Jahr 2002 konnte das Überangebot an Staatsanleihen nicht mehr ganz ans Publikum abgesetzt werden. Deshalb begann die Fed, US-Staatsanleihen aufzukaufen. Im Jahr 2007 betrugen diese Aufkäufe bereits 20 % des Gesamtangebotes. Kurz vor dem künftigen Staatsbankrott werden es wohl 100 % sein. Ein geradezu verbrecherisches Verhalten.

Zentralbankgeld entsteht also durch Monetarisierung von Aktiva durch die Notenbank. Dieser Vorgang kann mit einer Kreditgewährung an Geschäftsbanken oder an öffentliche Haushalte verbunden sein. Analog zur Schaffung von Zentralbankgeld kann das Geschäftsbankengeld durch Monetarisierung von deren Aktiva entstehen. Das Geldangebot kann sich in dieser Form des Banken- und Zentralbankensystems permanent erhöhen, ohne dass sich der volkswirtschaftliche „Reichtum" erhöht. Es wird, ganz im Gegenteil, damit der Boden für künftige Verarmung bereitet; außerdem wird der vorhandene Wohlstand umverteilt, hauptsächlich weg von den privaten Sparern und hin zum verschwenderischen Staat und zu einer ausufernden Finanzindustrie. Aber der entstehende Scheinreichtum begeistert alle Beteiligten: Niemand will ehrliches Geld und alle wollen „easy money". Die Politiker lieben das „easy money", weil sich der Staat und seine Machtelite damit beliebig verschulden kann, ohne jemals an eine Rückzahlung denken zu müssen. Ohne das Falschgeldsystem würden sie ihre Macht und ihre Pfründe verlieren. Die Banken lieben das easy money, weil sie damit viel mehr Geld zum Ausleihen haben und ihre Zinseinnahmen vervielfachen können. Die Geschäftsleute lieben das easy money, weil sie sich Kunden wünschen, die mit dem geliehenen Geld um sich werfen. Die Bürger selber lieben das easy money, weil sie sich damit Wünsche in der Gegenwart erfüllen können, für die sie eigentlich lange sparen müssten und weil sich ihre Immobilien- und Wertpapier-Vermögen damit inflationär aufblähen und ihnen das Gefühl des ständigen Reicherwerdens vermitteln. Die Zentralbanken lieben das easy money, weil sie damit Regulierungspotenz über die gesamte Volkswirtschaft gewinnen und das von ihnen kontrollierte Bankensystem ins Gigantische ausdehnen können. Und die Ökonomen lieben das easy money, weil sie seit Keynes daran glauben, dass man damit jede Konjunktur- und Wachstumsdelle zuschmieren könne und solle, und dass es zum fiat money keine vernünftige Alternative gebe. Die Liebe zum easy money ist nur ein anderer Ausdruck für eine *amour fou* mit der Inflation, auch wenn das nicht allen Beteiligten klar ist. Es ist eine verhängnisvolle Liebe, die mit Leid und Elend endet.

II.
BANKEN UND ZENTRALBANKEN

1. Fractional Reserve Banking und fiat money

Die Geburtsstunde des *Fractional Reserve Banking* (Bankwesen mit gesetzlichen Mindestreserven) wurde im Kapitel I.1. dargestellt. Bei den Mindestreserve-Vorschriften handelt es sich um die Direktive an die Geschäftsbanken, einen kleinen Teil der Kundeneinlagen als feste Reserve halten zu müssen. Der Rest der Einlagen kann von den betreffenden Banken als Darlehen vergeben werden. Der Mindestreservesatz wird von den Zentralbanken bestimmt. Er bezeichnet das Verhältnis zwischen der Mindestreserve und dem Volumen der Kredite (Sichteinlagen), das Geschäftsbanken ihren Kunden eingeräumt haben. Für die im Euro-Währungsraum angesiedelten Kreditinstitute bestimmt die Europäische Zentralbank (EZB) die Höhe der Mindestreserve, für die US-Banken das Federal Reserve System. Der Mindestreservesatz beträgt derzeit 2 % in der EU, 10 % in den USA.

Die Menge des von den Geschäftsbanken über das Fractional Reserve-System erzeugten Geldes ist wesentlich größer als die von der Zentralbank erzeugte Geldmenge. 2007 lag das Verhältnis in den USA (für das Geldaggregat M2) beim fast Achteinhalbfachen. Man sollte sich aber klar machen, dass die Mindestreserve-Vorschrift nicht das Element ist, das die Geldschöpfung durch das Geschäftsbankensystem ermöglicht. Sie kann sogar eine gewisse Bremswirkung haben. Die Geschäftsbanken würden nämlich den Geldschöpfungsprozess (Kreditgeldschöpfung) auch dann betreiben, wenn es keine Mindestreserve-Vorschriften gäbe. Dies geschieht einfach dadurch, dass die Geschäftsbanken wissen, dass in normalen Zeiten die Bankkunden ihre Einlagen nicht ganz und nicht alle zur gleichen Zeit in bar abheben. Also leihen sie den weitaus größten Teil dieser Einlagen gegen Zinsen aus. Das wäre noch nicht sehr gefährlich, gäbe es da nicht den sogenannten „Geldschöpfungsmultiplikator“. Dieser funktioniert wie folgt: Ein Sparer S macht bei seiner Bank A eine Einlage von 10.000 Euro. Die Bank A verleiht 9.000 Euro davon an einen Darlehensnehmer D und stellt diese 9.000 Euro auf dessen Girokonto im eigenen Haus A. Alsbald bezahlt D damit den Kauf eines Autos beim Händler H und überweist die 9.000 Euro auf dessen Konto bei der Bank B. Für Bank B handelt es sich um eine neue Kundeneinlage. Auch wenn sie vorsichtig ist und 10 % des Betrages als Reserve zurückbehält, so kann sie doch die restlichen 90 % – also 8.100 Euro an einen Kreditnehmer K verleihen. K macht, sobald ihm der Kredit gewährt wurde, vier Überweisungen zu je 2.000 Euro an vier Handwerker, die ihm beim Bau seines Eigenheims geholfen haben. Wenn diese vier Handwerker ihre Konten bei vier verschiedenen anderen Banken haben, so verfügen diese vier Banken über jeweils 2.000 Euro (insgesamt also 8.000 Euro) Neueinlagen, die wiederum als Grundlage für Darlehensvergaben an andere Leute dienen können. Auf diese Weise kann sich der Betrag an neu geschaffenem Kreditgeld verzehnfachen. Aus der ursprünglichen Einlage von 10.000 Euro bei einer Bank können also im Gesamtbankensystem 100.000 Euro werden, auch wenn alle beteiligten Banken jeweils 10 % der Neueinlagen als Reserven zurückhalten. Würden die Banken nur 2 % Reserven halten, wie das dem aktuell gültigen EZB-Satz entspricht, so könnten sie aus der Ersteinlage von 10.000 Euro ein Giralgeldvolumen von 500.000 Euro erzeugen. In der Praxis sind die Abläufe sehr differenziert. Man schätzt den derzeitigen faktischen Multiplikator auf rund Zwölf.

Müssten die Banken die gesamten Einlagen ihrer Kunden als Reserve halten, hätten sie keinen Einfluss auf das Geldangebot. In den 1930er Jahren hatte der deutsche Ökonom Walter Eucken eine hundertprozentige Mindestreserve gefordert, womit eine Geldschöpfung durch Geschäftsbanken unmöglich geworden wäre und nur noch in der Hand der Zentralbanken gelegen hätte. Jedenfalls hätten Einlagen nur noch mit Zustimmung der Einleger ausgeliehen werden dürfen. Aber diese Idee hat sich leider nicht durchgesetzt. Man bedenke, dass in dem Maße, in dem die Banken Geld schöpfen, auch gleichzeitig Verbindlichkeiten für die Schuldner in gleicher Höhe entstehen. Das wirft ein erhellendes Licht auf den Satz „Nur Gold ist Geld; alles andere ist Kredit." Am Ende des Geldschöpfungsprozesses ist die Volkswirtschaft zwar liquider in dem Sinne, dass eine höhere Tauschmittelsumme vorhanden ist, aber die betreffende Volkswirtschaft ist dadurch nicht reicher geworden; nur verschuldeter (s. N. Gregory Mankiw). Die Zentralbanken sind Stütze und Garant des Bruchteilsreserve-Bankwesens, weil es in diesem System jederzeit – beim leisesten Gerücht über die Solvenz einer Bank – zu sog. *bank runs* kommen kann (Sturm der Einleger auf die Bank, um Guthaben bar abzuheben). In einem solchen Fall steht die Zentralbank als „lender of last resort" (Verleiher der letzten Instanz) zur Verfügung und eilt der gefährdeten Geschäftsbank mit Liquiditätsspritzen zu Hilfe. Und weil die Banken das wissen und fest damit rechnen können, betreiben sie ihre Kredit- und Zinsgeschäfte umso ausgedehnter und aggressiver. Es kann ja „letztlich nichts passieren".

Der „Turboantrieb" bei der Kreditgeldschöpfung kommt durch das Tandem von Fractional Reserve Banking und Zentralbanken zustande, wobei der Staat als Kolossal-Schuldner noch die abschüssige Rennbahn beisteuert. So wird aus der Dreierkonstellation eine Höllenfahrt, die letztlich nur im

Crash enden kann. Die durch diese Konstellation erzeugten Möglichkeiten zu einer fast beliebigen Vermehrung der Geldmenge verfälscht den echten Marktzins. Er sinkt, oft zusätzlich noch niedergeknüppelt von der staatlich geforderten Niedrigzinspolitik der Zentralbank, weit unter den Satz, der sich sonst als Preis für Spar- und Investitionskapital am Markt gebildet hätte. Und das wiederum führt zu wiederkehrenden Zyklen von Übertreibungen (Booms) und Korrekturen (Busts). Und weil im Zuge der künstlichen Aufblähung des Geldangebotes immer mehr Geld eine nicht oder nicht in gleichem Ausmaß steigende Gütermenge jagt, führt der Vorgang auch zu dem Phänomen permanenter Preisinflation, den wir seit Einführung des ungedeckten Papiergeldes beobachten können. In den letzten drei Jahrzehnten haben diese verhängnisvollen Kräfte die größte Kredit- und Schuldenblase der Weltgeschichte aufgebläht, deren unvermeidliche Entleerung Ausmaße und Formen annehmen kann, die den Fortbestand der Zivilisation in Frage stellen.

2. Zentralbanken sind zerstörerische Institutionen

Richten wir unser Augenmerk auf das Fed als wichtigstes Zentralbanksystem der Welt: Es wurde von Präsident Woodrow Wilson ins Leben gerufen. Es besteht aus zwölf Landeszentralbanken, deren Eigner die wichtigsten US-Finanzinstitute sind. Von den Chefs der Landeszentralbanken wird das Direktorium des Fed bestimmt. Dieser Board of Governors hat sieben Mitglieder und seinen Sitz als nationale Notenbank in der Hauptstadt Washington. Das Direktorium legt die Grundlinien der Geldpolitik fest. Über die Höhe des Leitzinses entscheidet der Offenmarktausschuss (FOMC), in welchem die Direktoriumsmitglieder die Mehrheit haben. Die

Mitglieder des Direktoriums werden vom US-Präsidenten auf 14 Jahre ernannt und müssen vom Senat bestätigt werden. Aus dem Kreis des Direktoriums wiederum ernennt der US-Präsident den Chef der Notenbank und dessen Stellvertreter. Ben Bernanke ist der 14. US-Notenbankchef. Sein Vorgänger, Alan Greenspan, amtierte von 1987 bis 2006. Sein Name steht für den größten Papiergeld-Defäkator der Weltgeschichte – und damit wohl auch zugleich für den größten Unheilsbringer dieser Geschichte (was sich noch erweisen wird). Sein Nachfolger, Ben Bernanke, ist derzeit dabei, ihm diesen diabolischen Rekord abzujagen.

Seit seiner Geburt spielt das Monster Fed eine finstere Rolle in jeder Krise – mit Ausnahme der ersten Depression der Jahre 1920/21 in den USA. Der Segen des Nichtstuns des Fed in jener Zeit ist dem damaligen US-Präsidenten Warren Harding zuzuschreiben. Thomas Woods beschreibt die Vorgänge in seinem Buch ‚Meltdown' (2009). Die Depression von 1920–21 in den USA wurde verursacht durch die Reaktion, die auf eine gewaltige Steigerung der Geldmenge für Präsident Wilsons Krieg (Erster Weltkrieg) folgte. Als das Fed bei Kriegsende die Zügel wieder anzog, sank die Produktion innerhalb eines Jahres um 20 %. Präsdient Harding weigerte sich jedoch, zu intervenieren. Er ließ Unternehmen und Banken zu Konkurs gehen und die Preise fallen. Nach ihrem Ende hörte man nichts mehr von dieser Depression, und zwar deshalb nicht, weil ihr Verlauf der (seither und bis zum heutigen Tag) herrschenden Meinung der Politiker und Ökonomen entgegensteht. Sie war nämlich rasch vorbei, schon nach einem Jahr – und sie war deshalb so rasch vorbei, weil Politik und Zentralbank keine „Rettungsmaßnahmen" ergriffen haben, sondern den Marktkräften ihren Lauf ließen.

Doch danach wurde das Fed wieder aktiv und löste die „Wilden Zwanziger Jahre" („Roaring Twenties") aus, indem sie die Geldmenge innerhalb weniger Jahre um 55 % ausdehnte. Wirtschaft und Aktienmarkt boomten. Als das Fed die Zügel der überhitzten Wirtschaft wieder anzog, folgte der Crash von 1929ff. Anders als sein Vorgänger Harding, legte Präsident Herbert Hoover in den 1930er Jahren einen wilden Aktionismus an den Tag. Er erhöhte die Steuern, verordnete öffentliche Arbeitsprogramme, sorgte für Notkredite an konkursgefährdete Unternehmen und vergab große Darlehen an die Einzelstaaten als Hilfsprogramme. Präsidentschaftsanwärter Franklin D. Roosevelt kritisierte zwar den amtierenden Präsidenten als den „größten Ausgabenverwalter in Friedenszeiten in der Geschichte", ordnete jedoch, kaum frisch im Amt, noch viel größere und schädlichere Interventionen an. Er ließ Getreideernten zerstören und Massenschlachtungen bei Schweinen durchführen, die Produktion vieler Unternehmen drosseln und Preise fixieren. Sein *New Deal* genanntes Maßnahmenbündel steht für ein Feuerwerk an staatlichen Ausgabenprogrammen. Roosevelt erlag dem heute wieder allgemein verbreiteten Fehler, sinkende Preise für die Krisenursache zu halten. Diese sind jedoch Folge der Krise, nicht deren Ursache. Die Marktkräfte wollen die vorangegangenen Übertreibungen und strukturellen Verwerfungen korrigieren und drängen die Preise dahin zurück, wohin sie in einem freien Markt gehören.

Die politischen und zentralbanklichen „Rettungsmaßnahmen" haben erst dazu geführt, dass die 1929 beginnende Rezession zur Großen Depression der 30er Jahre wurde und sich zur Weltwirtschaftskrise ausweitete. Diese endete erst nach dem Zweiten Weltkrieg. Dass der Zweite Weltkrieg selber die Depression beendet habe, ist eine Mär, die sich hartnäckig hält – und die noch heute von fast allen Ökonomen verteidigt wird. So schreibt z. B. „Starökonom" Paul Krugman, was den New Deal und die Wirtschaft damals gerettet hätte, sei das enorme

Projekt an öffentlicher Arbeit gewesen, das man den Zweiten Weltkrieg kennt. Thomas Woods hält dem zurecht entgegen: „Das ist ein verdummendes und bizarres Mißverständnis dessen, was wirklich geschehen ist." Natürlich, so Woods, sinke die Arbeitslosigkeit, wenn fast 30 % der Arbeitskräfte zur Armee eingezogen werden. Und das, was man als Wirtschaftswachstum der Kriegsjahre bezeichnet, war nichts anderes als Kapitalzerstörung, weil ein Großteil der Produktion unmittelbar der Vernichtung im Krieg zugeführt wurde. Erst im Jahr 1946 war der Spuk vorüber, und obwohl die Ökonomen aufgrund der nach dem Krieg um zwei Drittel sinkenden Staatsausgaben eine gewaltige Nachkriegs-Depression vorhergesagt hatten, wurde 1946 zum größten Boomjahr der amerikanischen Geschichte. Warum wohl? Weil die amerikanische Wirtschaft nun nicht mehr das produzieren musste, was die Politiker wollten, sondern das, was die Bevölkerung wollte, nämlich Autos, Fernseher und Eigenheime.

Vor diesem historischen Hintergrund und der nach wie vor die mainstream-Ökonomie beherrschenden Fehlinterpretation der Großen Depression, schreibt Thomas E. Woods zur aktuellen, ab 2007/08 einsetzenden Krise: „Das Fed war der größte Verursacher der Krise, die sich vor uns ausbreitet. Zwischen 2000 und 2007 sind mehr Dollars erzeugt worden als in der gesamten übrigen Zeit der amerikanischen Geschichte." Nach dem 11. September 2001 (Angriff auf die Twin Towers) hielt das Fed die Zinssätze extrem niedrig, in einem Jahr sogar bei nur einem Prozent. Das Geld flutete die Häuser- und Aktienmärkte. Als man die Zügel 2008 wieder etwas anziehen musste, platze die Blase. Und jetzt, so Woods, wird die Geldmenge wiederum ausgedehnt, um uns vor einer Krise zu retten, die von der vorangegangenen Geldmengenexpansion erst verursacht worden ist, und er fragt: „Sollte man diese Kreatur von Jekyll Island nicht endlich wegen all ihrer vielfältigen Verbrechen und Sünden gegen die Republik ausmerzen?"

Die US-Notenbank kann jederzeit jede beliebige Menge Geld schaffen, eine Million Dollar genauso schnell wie eine Milliarde oder Tausend Milliarden. Wenn das Fed z. B. Schuldverschreibungen des US-Schatzamtes für eine Milliarde neu gedruckter oder neu gebuchter Dollar kauft, dann hat sich die Geldmenge um eine Milliarde vergrößert, die Gütermenge jedoch um keinen einzigen Dollar. Nun jagt die höhere Geldmenge die unveränderte Gütermenge. Das heißt: Die Preise steigen, womit einige Leute reicher werden, die Masse der Menschen aber ärmer, denn das zehrt die Kaufkraft ihrer Einkommen und Ersparnisse auf. Noch schlimmer: Das neu geschaffene Geld verfälscht auch die Zinssätze, was wiederum zu Boom- und Crash-Zyklen führt (oder diese zumindest verstärkt, siehe Kapitel V).

Kein Ökonom der herrschenden Lehren (die Österreichische Schule also ausgenommen) stellt das fiat money System in Frage – und somit auch nicht das Zentralbankwesen. Nicht nur die Keynesianer, sondern auch die Monetaristen sind der Ansicht, dass sich die Geldmenge (das Geldangebot) von einer unabhängigen und verantwortlich agierenden Zentralbank „steuern" lässt, das heißt insbesondere, dass sich die Geldmenge in etwa korrespondierend zum Wachstum der Realwirtschaft vermehren lässt, sodass es von der Geldseite her nicht zu Störungen und Verzerrungen der realwirtschaftlichen Gegebenheiten und Abläufe in der Volkswirtschaft kommt. Es mag sein, dass die Notenbank das theoretisch und näherungsweise tun könnte, aber es ist völlig illusorisch, zu glauben, dass sie das auch dauerhaft tun wird. Man kann auch den Hund zum Hüter des Wurstpakets machen, früher oder später wird er die Wurst eben doch fressen. Die Zahl und das Ausmaß der Begehrlichkeiten, denen sich ein politisch gestaltbares Geldangebot ausgesetzt sieht, sind zu groß, als dass jemand – auch kein noch so heldenhafter und widerspenstiger Notenbanker – in der Lage wäre, diesem Sturm dauerhaft zu widerstehen. Und wenn doch, würde er alsbald seinen Job verlieren. Die Komplizenschaft zwischen Staat und Zentralbank ist immer gegeben, auch bei sogenannten „unabhängigen" Notenbanken. Gleichwohl ist das Vertrauen der Bürger in das fiat money fast unerschütterlich, und das bedingt ein ebenso blindes Vertrauen in den Oberaufseher des Systems, die Zentralbank. Dasselbe gilt für die Problemlösungs- und Steuerungskompetenz der Regierung und ihrer Fiskalpolitik. Und auch das bedingt einen fiskalpolitischen „Partner" namens Zentralbank. Der Staat ist ein unersättliches Geldfressmonster, und die Zentralbanken sind seine unermüdlichen Inflationsmaschinen. Gemeinsam sind sie Kumpane der Verelendung der Völker und ein ideales Paar für den Totentanz der Zivilisation. Schon deshalb sollte das Zentralbankwesen endlich abgeschafft werden. Der genialische deutsche Ökonom L. Albert Hahn (1889–1968) hatte schon Mitte der 1950er Jahre in seinem Werk ‚Wirtschaftswissenschaft des gesunden Menschenverstandes' von den Zentralbanken als den „großen Todesfallen" für die Entwicklung der Kaufkraft der Währungen geschrieben.

III.
SCHULDEN

1. Staatsverschuldung

Die Milliarden- und Billionen-Zahlen, die täglich durch die Medien rauschen, verstehen die Leute schon lange nicht mehr. Was kann man sich z. B. unter einer Billion vorstellen? (Vorweg eine Klärung: Die Amerikaner kennen den Begriff *Milliarde* nicht, sondern nennen eine Milliarde *a billion* und das, was wir als Billion bezeichnen, nennen sie *trillion*). Wenn hier im Text von einer Billion die Rede ist, dann ist die „deutsche Billion" gemeint, also tausend Milliarden). Würde man 100 €-Scheine im Wert von einer Billion Euro aneinanderlegen, so ergäbe das ein Band von 1,4 millionen Kilometern Länge, das fast viermal von der Erde zum Mond reichen würde. Allein das Haushaltsdefizit der amerikanischen Regierung (Nur das Defizit, nicht etwa die Staatsschuld. Also die Summe, die der Staat an neuen Schulden aufnehmen muss, weil die Steuereinnahmen nicht reichen) wird 2009 rund 2 Billionen (trillion) betragen, im Jahr 2010 nochmals fast 1,2 Billionen. Damit nähert sich die Staatsschuld der Linie von 100 % des Sozialprodukts (Bruttoinlandsprodukt / BIP). Die US-Staatsschuld nimmt unvorstellbare Dimensionen an. Anfang 2007 lag sie bei rund 10 Billionen (trillion). Das Budgetbüro des Kongresses schätzt, dass bis 2019 weitere 10 Billionen hinzukommen. 20 Billionen wäre dann eine Zahl mit 13 Nullen. Unterstellt man eine Zinslast von 5 %, so müssen die USA 2019 mehr Zinsen zahlen als ihre gesamte Staatsschuld im Jahr 1980 betrug. Als die Staatsschuld bei 10,6 Billionen $ stand, hat ein Statistiker die Summe auf die Köpfe der US-

Bürger umgerechnet. Das waren dann 37.000 $ je Kopf oder 111.000 $ pro 3-Personen-Haushalt. Da Kinder und Rentner diese Schuld schon rein theoretisch nicht zahlen können, lasten die vollen 111.000 $ auf jedem Lohnbezieher. In Deutschland betrug die Staatsschuld je Kopf der Bevölkerung im Jahr 2008 rund 18.400 Euro.

Die wahren Staatsschulden sind jedoch um ein Vielfaches höher. Eine Studie der Stiftung Marktwirtschaft vom Herbst 2008 weist auch die versteckten Schulden aus und zeigt, dass die echte Staatsschuld in Deutschland bei über 300 % des BIP liegt – und in den USA bei über 600 % des BIP. Im Mai 2008 schätzte der Präsident der Fed von Dallas, Richard W. Fisher, die echte Staatsschuld der USA auf rund 100 Billionen (trillion) Dollar. Dass ein solcher Verschuldungs-Wahnsinn in einem System echten Geldes nicht möglich wäre, versteht sich von selbst. Schon deshalb sollte man das fiat money und das Zentralbankwesen abschaffen. Die uferlose Verschuldung ist das Spiegelbild der endlosen Geldvermehrung, also der Inflationierung des Geldangebotes – und damit auch der nachfolgenden Güterpreisinflation. Zugleich erhöht die Schuldenexplosion den Anreiz der Herrschenden, die Inflation noch weiter anzutreiben, weil das die Bedienung der Schulden erleichtert. Ein wahrer Teufelskreis zugunsten der Machteliten und zu Lasten der arbeitenden und sparenden Bürger.

Leider wartet man vergeblich auf eine entsprechende Aufklärung der Bevölkerung durch die Ökonomen (mit Ausnahme der Austrians). Ganz im Gegenteil kommen aus den Fachzirkeln der Ökonomie die abstrusesten Abwiegelungen hinsichtlich der Staatsverschuldung. So schrieb bspw. ein Professor der wirtschaftswissenschaftlichen Fakultät an der Universität Karlsruhe (der Name sei gnädig verschwiegen) in der *Financial Times Deutschland* vom 28. Januar 2009 in einem Artikel „Schulden als Geschenk“: Wenn demnächst die deutschen Staatsschulden nicht mehr um 479 € in der Sekunde steigen würden (wie 2008), sondern um 4.439 € je Sekunde (nach den großen Rettungs- und Konjunkturpaketen), dann sei das nicht tragisch. Schließlich würde die nächste Generation nicht nur die erhöhte Staatsschuld erben, sondern auch die größeren Forderungen aus Staatsanleihen in etwa gleicher Höhe, sodass es zwar zu Umverteilungen innerhalb der Generation kommen könne (z. B. von Nur-Steuerzahlern an Nur-Staatsanleihenbesitzer), aber nicht zwischen den Generationen. In diesem Artikel wurde also der populäre Unsinn verbreitet, höhere Schulden seien kein Problem, weil ihnen ja auch höhere Forderungen gegenüberstünden. Es wird vollständig vernachlässigt, dass Schuldner und Schulden fallieren können. Beispiel: A leiht Unternehmer B eine Million. Jetzt hat A eine Million weniger Bargeld, aber eine Million mehr Forderungen. B hat eine Million mehr Bargeld, aber eine Million mehr Schulden. Beider Status ist „gleich geblieben" und beide fühlen sich reich, denn A hat immer noch eine Million auf der Guthabenseite (Forderung), und B hat eine „neue" Million Bargeld. Wenn aber B mit seinem Unternehmen scheitert, sind beide arm und haben Null. Die Million des B ist verloren – und die Forderung von A ebenfalls.

Das Risiko des Ausfalls ist bei Staatsschulden auf lange Sicht noch wesentlich höher als im genannten Beispiel. Wenn ich mein Geld an ein Unternehmen verleihe, so besteht die Chance, dass Zins und Tilgung aus den künftigen Erträgen des Unternehmens bezahlt werden können. Der Staat aber ist kein Unternehmer, sondern ein Konsum-Monster. Er teilt den ihm gewährten Kredit an seine Beamten und Soldaten aus, an Sozialhilfeempfänger und Rentner. Und diese Empfänger tätigen damit keine Investitionen, sondern bestreiten ihre Lebenshaltungskosten. Besonders Militärausgaben sind fast ausschließlich Konsum. Die Besitzer von Staatsanleihen können nur so lange mit Verzinsung und Rückzahlung rechnen, als sie und ihre Kinder dem Staat als künftige Steuerzahler genügend Mittel dafür zur Verfügung stellen, das heißt, indem sie ihre Forderungen selber begleichen. Wird die Schuld zu groß, reichen die Steuermittel nicht mehr aus und der Staat erklärt den Bankrott in Form einer sogenannten Währungsreform. Die Gläubiger und Geldvermögensbesitzer verlieren alles oder fast alles. Die Deutschen haben das im 20. Jahrhundert zwei Mal erlebt, und es bedarf keiner prophetischen Gabe, vorherzusagen, dass ihnen das im neuen Jahrhundert erneut passieren wird.

Hinzu kommt, dass der Herr Professor unerwähnt ließ, dass die an den Staat fließenden Kredite von den besseren privaten Verwendungen abgezogen werden. Soweit staatliches deficit spending über das Kreditvolumen hinausgeht, das von privaten Unternehmen oder Haushalten zu Investitionszwecken aufgenommen worden wäre, wenn der Staat die Mittel nicht an sich gezogen hätte, können sich zwar kurzfristig stimulierende Effekte ergeben, aber die Struktur der relativen Preise wird deformiert. Die Präferenzen der Konsumenten – was die Aufteilung der Einkommen in Ersparnisse und Konsum anbelangt, also das Präferenzgefüge zwischen Gegenwartsgütern und Zukunftsgütern – werden verzerrt. Das erzeugt Fehlinvestitionen, Inflation und spätere Depression. Größere Defizite verschieben die Nutzung der Ressourcen weg von den Konsumenteninteressen und hin zu den politischen Sonderinteressen.

Dr. Hjalmar Schacht, Präsident der Deutschen Reichsbank von 1923 bis 1930 kannte noch die Weisheit der früheren Ökonomen, als er sagte: „Verschuldung ist nichts weiter als vorgezogener Konsum, der in der Zukunft ausfällt.“ Und auch – man staune – der prominente Philosoph Peter Sloterdijk zeigte viel ökonomischen Sachverstand, als er in der FAZ vom 10. Juni 2009 schrieb: „Die größte Gefahr für die Zukunft des Systems geht gegenwärtig von der Schuldenpolitik der keynesianisch vergifteten Staaten aus. Sie steuert so diskret wie unvermeidlich auf eine Situation zu, in der die Schuldner ihre Gläubiger wieder einmal enteignen werden – wie schon so oft in der Geschichte der Schröpfungen, von den Tagen der Pharaonen bis zu den Währungsreformen des Zwanzigsten Jahrhunderts. Neu ist an den aktuellen Phänomenen vor allem die pantagruelische Dimension der öffentlichen Schulden. Ob Abschreibung oder Insolvenz, ob Währungsreform, ob Inflation – die nächsten Großenteignungen sind unterwegs."

Das Beispiel Japan zeigt ganz real die Sinnlosigkeit von schuldenfinanzierten Staatsprogrammen zur vermeintlichen Konjunkturbelebung. Seit nunmehr 19 Jahren versucht die japanische Regierung, die Wirtschaft des Landes, vor allem den Finanzsektor, mit gigantischen Konjunkturprogrammen aus dem Sumpf zu holen, in den es nach dem Immobilienboom der 80er Jahre versunken war. Das Ergebnis: Noch immer marodiert die japanische Wirtschaft dahin – und die Staatsverschuldung, die zu Beginn der Krise 1989 bei 35 % des BIP lag, ist heute mit rund 190 % des BIP die höchste aller Industrienationen. Manche Analysten gehen von einer Zahl weit jenseits von 300 % aus. Sowohl die „Ankurbelungs"-Versuche des Staates als auch seine „Wiederbelebungs"-Versuche in Rezession und Depression sind ökonomische Quacksalberei. Schon die nüchternen Zahlen belegen das. So war z. B. in den USA der 50er Jahre eine Zunahme der Gesamtverschuldung von knapp 338 Milliarden Dollar noch von einem BIP-Wachstum von 248 Milliarden Dollar begleitet, was einem Faktor von 0,73 entsprach. Ein Dollar Mehrschulden führte demnach zu 73 Cents Mehr-Sozialprodukt. Die weitere Entwicklung des Faktors: 0,65 in den 60er Jahren, 0,59 in den

70er Jahren, 0,34 in den 80er Jahren, 0,32 in den 90er Jahren, und 0,17 von 2000 bis 2008. Aktuell liegt der Faktor bei 0,15, das heißt: Ein Dollar Schuldenzuwachs erbringt nur noch 15 Cents Sozialproduktswachstum. Was nicht bedeutet, dass das Sozialproduktwachstum nicht auch ohne Schuldenvermehrung hätte zustande kommen können, was aber sehr wohl ein Licht auf den Irrwitz wirft, dieses System aktuell mit neuen Billionen-Schuldendollars wiederbeleben zu wollen. Da hilft auch nicht der Uralt-Kalauer von der Wirtschaftsbelebung durch keynesianische Staatsausgaben Nazi-Deutschlands. Der Berliner Wirtschaftshistoriker Albrecht Ritschl hat belegt, dass sich in Deutschland zwischen 1933 und 1939 – trotz „deficit spending“ – zu keiner Zeit ein selbsttragender Konjunkturaufschwung eingestellt hat. Anders als in den Modellen von Keynes sprang der staatliche Nachfrageimpuls nicht auf den privaten Konsum über. Im Gegenteil: Der Anteil der Konsumausgaben am Sozialprodukt sank von 75 % im Jahr 1928 auf 65 % im Jahr 1936. Nicht nur relativ, sondern auch absolut ist der Lebensstandard der Deutschen damals gesunken.

Man kann von einer kostbaren Rarität sprechen, wenn in einem der Massenmedien einmal Klartext bezüglich der Staatsverschuldung geschrieben wird. Deshalb seien hier einige Sätze zitiert, die der mutige Wolfram Weimer in *stern.de* vom 14.04.2008 (ursprünglich in *Cicero*) formuliert hat: „Deutschlands Staatsverschuldung erreicht die unfassbaren Dimensionen eines kafkaesken Schlosses – eine gigantomanische Fiktion gewesenen Geldes und doch so mächtig, dass wir alle zu Höflingen künftiger Forderungen degradiert sind… Aller historischen Erfahrung nach drohen Kriege, Enteignungen oder Kapitalschnitte, wenn es nicht gelingt, die fiskalische Amokfahrt der Republik zu beenden… Nun wirkt die Staatsverschuldung nicht nur wie eine Zeitbombe. Sie ist zugleich ein Sozialisierungsindikator. Wir leben weithin in dem Irrglauben, Deutschland stecke in einem globalisierten, neoliberalen Privatisierungshexenkessel des Raubtierkapitalismus. Ein Blick in das Bilanzbuch unserer Nation beweist das glatte Gegenteil. Nicht die großen Konzerne, sondern der Staat reisst immer größere Anteile am Volksvermögen an sich... Diese Staatsverschuldung ist eine vorweggenommene Massenenteignung."

2. Schulden und Moral

Die Staatsschulden (Bund, Länder, Gemeinden, Sonderhaushalte der Gebietskörperschaften aller Art) scheinen heutzutage weder die politische Kaste, noch die schreibende und moderierende Zunft, noch die Bürger selber sonderlich zu erregen. Schulden machen sei normal, sagt man, und sparen wird als altmodisch-altväterliche Tugend lächerlich gemacht. Wo auch immer sich im öffentlichen Bereich ein zarter Ansatz von Sparwillen regt, sind in der Wolkenkuckucks-Neuzeit sofort politische Zampanos mit den Totschlags-Vokabeln vom „Kaputtsparen" und von der „sozialen Demontage" zur Stelle. Kaum jemand erkennt, dass mit jedem Prozentpunkt der Staatsverschuldung und der öffentlichen Haushaltsvolumina auch die Abhängigkeit der Bürger vom Staat steigt. Die Leute gewöhnen sich daran, dass mehr und mehr private Lebensbereiche vom Staat übernommen werden. Und die Bürokratie wächst unaufhörlich. Die mit Staatsschulden bezahlten Geschenke und Bestechungsgelder werden mehr und mehr wahlentscheidend und blähen die politische Sphäre zu Lasten der privaten auf. Der demokratische Prozess wird zu einem schamlosen Gerangel um die fettesten Brocken zu Lasten anderer Leute. Die Menschen kümmern sich letztlich nur noch um sich selber, weil sie der Überzeugung sind, mit ihrer gewaltigen Steuer- und Abgabenlast genug für andere getan zu haben. Der Großteil der Staatsausgaben wird heute für Leistungen verwendet, die früher von den Familien, den Kirchen und privaten Hilfsorganisationen erbracht wurden. „Mit dem Wort *Gemeinwohl*", hat der amerikanische Autor Dan Denning einmal gesagt, „bekommt Verantwortungslosigkeit nur einen schöneren Namen. Wer sich als Bürger mit der Staatsverschuldung abfindet, stimmt nicht nur der Verarmung der Volkswirtschaft zu, in der er lebt, sondern auch der Erosion der Moral, der Erosion seiner eigenen Moral und der Moral aller anderen."

Wenn eine große Zahl von Leuten – oder gar die Mehrheit – von anderer Leute Geld und Arbeit lebt, und wenn den Empfängern sogar noch eingeredet wird, dass sie darauf einen Anspruch hätten, dann ergibt sich daraus nicht nur eine andere Auffassung von Wirtschaft, Arbeit, Eigentum, Staat und Politik, sondern auch eine Änderung der Persönlichkeits- und Charakter-Struktur der Bürger. Die Wertschätzung von Unabhängigkeit, Eigenverantwortung, Zukunftsvorsorge, Familien- und Sippenzusammenhalt, Mäßigung, Verzicht, Wagemut, Ehrlichkeit und persönliche Hilfsbereitschaft schwindet zunehmend. Eine Handlung kann nur moralischen Wert haben, wenn sie weder unter Zwang noch auf Kosten anderer erfolgt. Persönliche Moral (und es gibt keine andere als persönliche!) schwindet dahin, wenn sie in das Wieselwort „sozial" umgedeutet wird und die Domäne des „Sozialen" mehr und mehr zum zwingenden und befehlenden Gewaltmonopolisten Staat wandert. Und dorthin wandert sie um so mehr und um so schneller, je höher die Staatsverschuldung und der damit einhergehende Aktionsradius der politischen Kaste steigt. Der schuldenfinanzierte Sozialstaat hat den demokratischen Prozess zum Schlachtfeld der Gruppenegoismen gemacht, sowie die Parteien zu egalitaristischen Klassenkampf-Organisationen. Er zerstört das Recht, indem er unter Missbrauch des Versicherungsbegriffs Ansprüche ohne Gegenleistung als „Rechte“ definiert. Die Ethik des Teilens ist unendlich wichtig im persönlichen Bereich, aber sie wird zur Scheinethik der Vernichtung, wenn man sie auf ein ganzes Gesellschaftssystem anwenden will. Sie wirkt dann wie ein Bombenkrieg, der alles zerstört: die materiellen Werte der Menschen und ihre ideellen und moralischen Werte. Moral als allgemeinverbreitetes und dauerhaft stabiles Element in einer Gesellschaft kann es ohne die üblichen ökonomischen Zwänge des Lebens nicht geben. Im Schlaraffenland wäre das Phänomen ‚Moral‘ unbekannt. Und der auf Schuldenbergen errichtete Sozialstaat gaukelt dem Menschen vor, in einer Art Schlaraffenland zu leben.

Schon 1848 hat der französische Ökonom Frédéric Bastiat in seiner Schrift ‚La Loi‘ (Das Gesetz) dargelegt, dass es keine Sondermoral für den Staat gibt. Was für den Bürger falsch und unrecht ist, kann auch für den Staat nur falsch und unrecht sein. Aber der Staat versucht, seine Kriminalität als Wohltat und Recht zu verkaufen. Wer das gutheißt, ist selber ein Krimineller. Wenn der Einzelne nicht das Recht hat, das Eigentum eines Anderen unter Androhung oder Ausübung von Zwang und Gewalt wegzunehmen, dann hat es auch der Staat nicht – und eine Mehrheit auch nicht. Eine größere Kopfzahl kann nicht Prinzipien auflösen. Keine menschliche Autorität kann aus falsch richtig oder aus böse gut machen. Indem der Staat seinen Bürgern einredet, der staatlich organisierte Raub durch steuer- und schuldeninduzierte Umverteilung sei recht und gerecht, macht er sie zu Komplizen, denen auch im privaten Bereich das Gefühl und das Bewusstsein von Recht, Gerechtigkeit und Moral zunehmend verlorengeht. Wenn der unter Zwang und Gewaltandrohung erfolgende Geldentzug des Staates bei den Bürgern Diebstahl ist (und das ist es, wenn die Zahlung nicht freiwillig erfolgt), dann ist das Einfordern staatlicher Leistungen durch die Bürger Auftrags-Diebstahl. Die diesbezügliche „Vorbild“-Funktion der politischen Kaste ist hochwirksam – und somit zerstörerisch für das moralische Grundgerüst der Menschen.

Bei all dem sollte man nicht vergessen, dass neben den vielen anderen Übeln auch die uferlose Staatsverschuldung nur im fiat money-System zu betreiben ist und mit echtem Geld nur minimale Ausmaße annehmen könnte. Professor Jörg-Guido Hülsmann wusste sehr wohl, warum er einem seiner brillanten Werke den Titel ‚The Ethics of Money Production‘ (deutsch: ‚Die Ethik der Geldproduktion‘) gegeben hat. Ethik und Moral werden auf vielen Wegen – auch auf dem der Verschuldung – zerstört, wenn die Produktion des Geldes auf so unmoralische Weise zustande kommt wie beim beliebig erzeugbaren fiat money. Das gilt auch für so manche Verwilderung im Management der Finanzkonzerne. Die Kehrseite der Liquiditätsflut ist ja – automatisch und definitionsgemäß – die uferlose Verschuldung, nicht nur des Staates, sondern auch der Unternehmen und der Privaten. Und wenn der Verschuldungsdruck – und damit die Existenzangst – wächst und immer unerträglicher wird, dann rücken Versuchungen zu illegalen, unmoralischen und rücksichtslosen Verhaltensweisen auch ins Blickfeld von eigentlich anständigen und integren Menschen.

Eine der vortrefflichsten Schriften zu den zwingenden Zusammenhängen zwischen Staatsverschuldung oder Öffentlichen Geldern ganz allgemein – und der westlichen Moral- und Werte-Zersetzung stammt aus der Feder des englischen Soziologen Dennis O’Keeffe von der University of North London. Sie trägt den Titel ‚Political Correctness and Public Finance‘ (1999). Die Politische Korrektheit und vergleichbare Extremismen, schreibt O’Keeffe, hätten ihr gegenwärtiges Agitationsniveau betreffend Rasse, Geschlecht, Multikultur usw. niemals ohne öffentliche Gelder – vor allem durch das öffentliche Bildungswesen und den Wohlfahrtsstaat – erreichen können, weil es dafür einfach nicht genügend Nachfrage gegeben hätte. Sozialistische Ideen, inklusive Political Correctness, sind ein künstliches Erzeugnis öffentlicher Gelder. Ebenso die Staatsabhängigkeit des modernen Menschen. Moral wird gröber und verliert sich schließlich, wenn Menschen bei ihren Entscheidungen nicht die eigenen Mittel investieren müssen. Dass „easy money" (leichtes Geld, beliebig vermehrbares Kreditgeld) Wohlfahrtsabhängigkeit schafft, ist seit langem bekannt. Relativ neu ist die Erkenntnis, dass uns öffentliche Gelder auch entwurzelte Intellektuelle bescheren, welche bestrebt sind, diese Abhängigkeit und ihre Erscheinungsformen (wie z. B. vaterlose Familien) zu verteidigen und gesellschaftsfeindliches Denken vom Typ Politische Korrektheit zu forcieren. Dazu gehört auch die Behauptung, dass fast alles, was die meisten Menschen für verbrecherisch oder abartig halten – oder für wahr, schön und sinnvoll – genau das nicht sei. Unser öffentlich und mehr und mehr mit Schulden finanziertes Massenbildungswesen eröffnet den Anhängern perverser Überzeugungen die Gelegenheiten zur Verbreitung ihrer Ideen in einem noch nie gekannten Ausmaß. Sie können den Ertrag ihres Tuns privatisieren und die Kosten sozialisieren. Die intellektuelle Korruption und der geistig-moralische Zerfall, so O'Keeffe, sind ein künstliches Erzeugnis der öffentlichen Gelder aus Steuern und Staatsverschuldung. Das Ausgeben von nichtvorhandenem Geld (Haushaltsdefizite und Staatsverschuldung) und von Geld, das anderen Leuten gehört, ist die verführerischste von allen Arten der Korruption. Öffentliche Gelder bilden den wahren Brennstoff der Hölle auf dieser Welt.

Die Ozeane aus Papier- und Kreditgeld, die vom Bankwesen mit Bruchteilsreserven, von den Zentralbanken und von der staatlichen Schuldentreiberei geschaffen werden, führen jedoch auch zu einer stetig steigenden Verschuldungsbereitschaft der Bürger. Besonders die in der permanenten Geldvermehrung angelegte Inflation (Geldvermehrung IST Inflation – und Teuerung oder Preisinflation ist deren Folge) regt die Leute an, Schulden zu machen. Der ständige Kaufkraftverlust des fiat money bestraft das Halten von Bargeld und belohnt die Schuldner. Früher war zurückgelegtes Geld eine effektive Form des Vorsorgesparens. Seine Kaufkraft schwand nicht dahin wie Butter in der Sonne, ja oft gewannen die Ersparnisse sogar an Kaufkraft durch sinkende Preise. Von großer Bedeutung war auch, dass ganz normale Leute, auch die sprichwörtliche alte Oma, Ersparnisse bilden und halten konnten, ohne etwas von Fondsanlagen und internationalen Aktien- und Finanzmärkten zu verstehen. Man vergleiche das mit heute. Es wäre verrückt, Geldscheine als Altersvorsorge zu horten. Sie wären, wenn man sie eines Tages benötigt, nur noch Bruchteile wert – oder gar nichts mehr. Verschuldung wird also zur rationalen Strategie auch der Privatleute, um sich damit Vermögensanlagen zu kaufen, deren Wert mit der Inflation zu steigen verspricht. Während unsere Großeltern noch zuerst 30 Jahre lang Geldersparnisse gebildet haben, bevor sie ein Haus bauten, wird heutzutage schon mit der Bauerei losgelegt, sobald das laufende Einkommen zur Schuldenbedienung auszureichen scheint. Oft endet die Schuldenmacherei in finanziellen – und somit auch familiären und persönlichen Katastrophen. Daneben ist eine Finanzindustrie ungeheuerlichen Ausmaßes entstanden, die erst zur astronomischen Weltverschuldung und zu den finanziellen und moralischen Entgleisungen führen konnte, die nun in der Krise vielfach beklagt werden. Die permanente Inflation des kranken Papiergeldes hat die Bürger in finanzielle Abhängigkeiten gebracht wie keine Generation zuvor. Diese „Verschuldungskultur" – gleich ob staatliche oder unternehmerische oder private – bewirkt, dass Schulden nicht mehr als unschicklich betrachtet werden, sondern als „clever". Sämtliche Staatsleistungen werden ohne Hemmungen entgegengenommen und ausgenutzt. Alle Beteiligten sind auf endloser Renditejagd, um dem Kaufkraftverlust ihres Geldes entgegenwirken zu können. Damit fallen auch die moralischen Schranken der Menschen gegen Staatsverschuldung, gegen Kreditfinanzierung des ganzen Lebens und gegen unverantwortliche Finanzakrobatik.

Man mag es als fruchtbar oder als furchtbar erachten, aber es sollte nicht unerwähnt bleiben, dass mit einer Depression nicht nur eine wirtschaftsstrukturelle und finanzielle Bereinigung stattfindet, sondern auch eine moralische. Was jedoch nicht bedeutet, dass im Verlauf des Verelendungsprozesses in der Depression die Unmoral in Form von Krieg und Unruhen, von Revolution und Revolten, von Kriminalität und Gewaltausbrüchen, von Korruption und Betrug nicht unvorstellbare Formen und Ausmaße annehmen könnten.

IV.
INFLATION / DEFLATION

1. Inflation

Weil die Sprache das Material ist, mit dem wir denken, kann das Denken nur dann klar sein, wenn auch die Begriffe klar definiert sind. Deshalb sei hier die Definition der Inflation wiederholt, wie sie die „alten“ Ökonomen benutzt haben: *Inflation* nennt man die Vermehrung der Geldmenge (inflatio = Aufblähung). Die Folge dieser Aufblähung, nämlich steigende Güterpreise, nannten die früheren Ökonomen *Teuerung* oder *Preisinflation.* Dass man heute steigende Preise Inflation nennt, ist eine sprachliche Verluderung, die von der Ursache der Preisinflation ablenkt (und wohl auch ablenken soll). Die Preisinflation folgt der Inflation erfahrungsgemäß und in „normalen“ Zeiten mit einer Verzögerung von rund einem Jahr. Obwohl viele der Mainstream-Ökonomen (mainstream = Hauptströmung, herrschende Meinung) unbegreiflicherweise behaupten, es bestehe zwischen Geldmengenzuwachs und Teuerung seit einigen Jahren kaum noch eine Verbindung, beträgt die Korrelation zwischen den beiden Größen gemäß sorgfältig erstellter statistischer Analysen fast exakt eins zu eins (z. B. Studie des IfW vom Frühjahr 2007). Das heißt, einer Geldmengenvermehrung von bspw. zehn Prozent folgt im Abstand von rund einem Jahr eine Erhöhung des Preisniveaus von zehn Prozent. Dabei erhöhen sich natürlich nicht alle Preise gleichmäßig um zehn Prozent. Einige Güter- oder Dienstleistungspreise können sogar sinken oder um ein Vielfaches des Durchschnitts steigen. Aber im statistischen Durchschnitt ergibt sich in der beobachteten Realität ein annähernder Gleichschritt.

In Hyperinflationszeiten verändert sich jedoch die Korrelation zwischen Geldmenge und Preisniveau dramatisch. Betrachten wir die deutsche Hyperinflation der 20er Jahre (s. Bandulet 2009; Dr. Bandulet ist der beste deutsche Goldexperte): Von 1914 bis 1918 (Erster Weltkrieg) war die Geldmenge im Deutschen Reich um 340 % gestiegen, während die Preise nur um 139 % zulegten. Auch von November 1918 bis Juli 1919 hinkten die Preise den Geldmengen hinterher. Von August 1919 bis Februar 1920 holten die Preise dann auf und kletterten um 185 %, die Geldmenge nur um 33 %. Von August 1921 bis Juli 1922 explodierten die Preise um 635 %, während die Geldmenge um 149 % stieg. In der ersten Phase stiegen also die Geldmengen schneller als die Preise, in der zweiten Phase war es umgekehrt. Schon Henry Hazlitt hatte mit Blick auf die Große Depression der 30er Jahre festgestellt, dass die Preise in den frühen Phasen der Inflation weniger stark als die Geldmengen steigen, weil die Leute noch an stabile Kaufkraft glauben. Diese Erwartungen ändern sich jedoch, sobald die Preisinflation über einen bestimmten Punkt hinausgeht. Dann fällt der Geldwert schneller als die Geldmengen steigen. Hazlitt führte das Bild vom Hund an, der seinem Schwanz nachjagt. Und das ist der Weg in die Hyperinflation.

Der Grund, weshalb die meisten heutigen Ökonomen auf die wirre Idee kommen, es gebe keinen Zusammenhang mehr zwischen Geldmengenaufblähung und Teuerung, ist wohl bei dem Phänomen zu suchen, dass die chinesischen Exporte und ganz generell die Globalisierung in den letzten 16 Jahren für starken Preisdruck gesorgt haben. Die Geldfluten ergossen sich statt in die Gütermärkte in die Märkte für Vermögensgüter (asset inflation). Beides, die versteckte Preisinflation (= Nicht-Sinken der Preise, obwohl sie scharf hätten fallen müssen) auf der Güterseite und die offene Preisinflation bei den

Vermögenswerten, ist offenbar den Mainstream-Ökonomen nicht aufgefallen. Ein verhängnisvolles Versagen, denn auch eine verdeckte Peisinflation verzerrt die Marktstrukturen, und eine asset inflation nährt sich selber. Wenn z. B. die Immobilienpreise steigen, können höhere Hypotheken eingetragen werden. Mit diesem Schuldengeld können Aktien erworben werden. Und diese können bei steigenden Preisen wiederum beliehen werden, um damit Hedge-Fonds zu kaufen, usw. So steigen die Schein-Vermögen parallel zu den Schulden ins Uferlose, bis das Kettenbrief-System irgendwann reisst. Auch derzeit wird die grassierende Preisinflation nicht erkannt. Weil Inflation oft fälschlicherweise als „steigende Preise" definiert wird – und weil die meisten Güterpreise aktuell nicht oder nicht merklich steigen, wird auf Ruhe an der Teuerungsfront geschlossen. In Wirklichkeit müssten die meisten Preise aufgrund der geplatzten Vermögens-Blasen scharf sinken. Dass sie das nicht tun – siehe die Parallele zu den 1920er Jahren – lässt nur einen Schluss zu, nämlich dass die Preisinflation inzwischen versteckt grassiert, und zwar in erheblichem Ausmaß.

Seltsamerweise betrachten fast alle Leute die Preisinflation als eine Art Naturereignis wie das Wetter. Kaum jemand weiß oder glaubt, dass sie „gemacht" und gewollt ist. Auch wird ihr Ausmaß – mit Ausnahme von Hyperinflationszeiten – fast immer unterschätzt. Als die D-Mark, die angebliche Stabilitätsweltmeisterin unter den Währungen, vom Euro beerdigt wurde, betrug ihre Kaufkraft nur noch 5 % des ursprünglichen Wertes bei ihrer Einführung 1949. Und wie sich diese Kaufkraft beim Euro seit seiner Einführung vor zehn Jahren entwickelt hat, kann jede Hausfrau bei ihren Einkäufen feststellen. Wäre sie gleich geblieben, müssten alle Waren die Hälfte des früheren D-Mark-Preises kosten (denn die Umstellung erfolgte ja im Verhältnis von fast genau Zwei zu Eins). In Wirklichkeit sind die meisten Euro-Preise inzwischen höher als die damaligen D-Mark-Preise, was bedeutet, dass seither eine Preisinflation von mehr als 100 % eingetreten ist. Somit lag die durchschnittliche Jahresrate der Preisinflation nicht bei den offiziell verkündeten Ziffern zwischen ein und zwei Prozent, sondern bei zehn und mehr Prozent. Wie überall, so werden auch in den USA die staatsoffizielen Zahlen exorbitant gefälscht. Allein schon, wenn man die offiziellen Berechnungsmethoden der Vor-Clinton-Ära anwenden würde, käme man für die Zeit von 2001 bis 2009 zu Indices für die Preisinflation, die um 2 bis 4 Prozentpunkte über den jetzt ermittelten liegen. An der grandiosen Ignoranz des Publikums haben auch die Medien ihren Anteil. Ein Beispiel von unzähligen: Als sich die Preisinflation in Simbabwe im August 2008 der Rate von achttausend Prozent näherte, streute eine der großen Medienagenturen die Nachricht, Ursache sei eine seit neun Jahren andauernde Rezession, durch die sich Nahrung, Benzin und Importe immer weiter verteuerten. Kein Wort davon, dass das Monster Mugabe die Notenpresse Tag und Nacht laufen ließ und seine fleißigsten Wohlstandsschaffer, die weißen Farmer, von ihrem Land vertrieben hatte. Tja, das Wetter und die Rezession. Die Armut kommt eben für viele Intelligenzler noch immer von der Poverteh (Fritz Reuters Spottausdruck für *pauvreté* = franz. für *Armut*).

Bei den anderen Papierwährungen schritt die Entwertung meistens noch schneller voran. In den USA z. B. lag die Kaufkraft des Dollars von 1976 nur fünf Jahre später – also 1981 – gerade noch bei 63 Cents. Und der entwertete Dollar von 1990 war Mitte 2006 – also kaum sechzehn Jahre später – wiederum nur noch 64 Cents wert. Der Dollar von 1913 (Gründung des Fed) hat heute nur noch eine armselige Kaufkraft von 4 cents. Und das, obwohl viele Preise dramatisch gesunken sind. In den letzten zehn Jahren haben sich bspw.

Telefondienste, Computer und deren Software um 40 bis 65 % verbilligt. Der aufmerksame Beobachter kann feststellen, dass da, wo der freie Markt wirken konnte, viele Preise gesunken sind, während sie in jenen Sektoren massiv gestiegen sind, in denen der Staat am meisten eingreift (z. B. in den massiv regulierten Systemen Medical Care und Bildung).

Man vergleiche das einmal mit der Kaufkraftentwicklung des Goldgeldes in Großbritannien: Dort waren die Verbraucherpreise zu Beginn des Zweiten Weltkrieges niedriger als 139 Jahre vorher, im Jahr 1800. Und zwischen 1210 und 1940 – also 730 Jahre lang – waren sie mit durchschnittlichen Jahresraten von weniger als 0,4 % gestiegen. Trotz zwischenzeitlichem Kriegwüten und Welteroberungsabenteuern der Herrschenden garantierten eben die relativ freien Märkte diese Stabilität, weil das Geldangebot stabil blieb, was beim Goldgeld gewährleistet war. In den letzten hundert Jahren hätten die Güterpreise eigentlich rapide sinken müssen, weil das Produktivitätswachstum der westlichen Länder seit der Industriellen Revolution gewaltig war. Sogar die wenigen Statistiker, die sich um unverfälschte Zahlen bemühen, liegen also mit ihren Berechnungen der Preisinflation der letzten 50 bis 100 Jahre weit neben der Realität, weil sie das potenzielle Sinken der Preise bei einem Regime echten Geldes ausblenden.

Preisinflation kann nämlich auch dann herrschen, wenn die Güterpreise gleich bleiben oder sogar sinken. Dann nämlich, wenn die Preise ohne planwirtschaftliche Geldmengenvermehrung gesunken oder stärker gesunken wären. In den Preisniveau-Statistiken wird das potenzielle Sinken der Preise ausgeblendet. Um aber den wahren Gesamteffekt der expansionistischen Geldpolitik auf die Preise abzuschätzen, müssen wir auch dieses potenzielle Sinken mit ins Kalkül ziehen, das eingetreten wäre, wenn es die zentralplanerische Geldpolitik nicht gegeben hätte. Der Gesamteffekt der Geldpolitik auf das

Preisniveau setzt sich zusammen aus dem Anstieg des Preisniveaus aufgrund der Geldvermehrung plus dem potenziellen Sinken des Preisniveaus, das ohne expansive Geldpolitik eingetreten wäre. Der Ökonomie-Professor Mark Brandly schätzt, dass der Konsumpreisindex der USA, der 2005 bei 195,3 stand, nur 5,8 angezeigt hätte, wenn das Geldangebot seit 1959 unverändert geblieben wäre. 2005 waren also nach Brandlys Schätzung die Konsumgüterpreise 34 mal höher als sie es ohne monetäre Expansion gewesen wären. Ein Hamburger hätte dann im Jahr 2005 statt 4 Dollar nur 12 Cents gekostet – und ein 20.000 $-Auto nur 600 Dollar. Wohlstand und Reichtum bestehen eben nicht aus Bergen von Geld (sonst wäre jeder bettelarme Einwohner von Simbabwe mit seinen Milliarden- und Billionen-Scheinen ein reicher Mann), sondern aus dem, was man sich mit dem Geld kaufen kann – also aus den Gütermengen, die mit dem aus Ersparnissen erstellten Kapitalstock eines Landes erzeugt worden sind – im Verhältnis zum vorhandenen Geld (= Kaufkraft). Deshalb lautet auch die korrekte Definition der Inflation: Inflation ist der Anstieg des Angebots an Geld und Kredit, relativ zum verfügbaren Angebot an Gütern und Diensten. Der Anstieg der Güterpreise ist nur die Folge eben dieses Umstandes.

Seit Generationen überlebt penetrant die Kostendruck-Theorie der Inflation. Eine Schimäre. Diese Theorie wurde schon um 1870 widerlegt. Die Ökonomen Menger, Walras und Jevons kamen unabhängig voneinander zu dem Ergebnis: Preisinflation ist immer von der Nachfrage induziert, speziell von der Geldnachfrage, und keinesfalls von steigenden Kosten der Produzenten – es sei denn, die Kostensteigerungen seien selber wiederum inflationsgetrieben. Der brillante amerikanische Ökonom Gary North hat dafür das richtige Bild gefunden, indem er schrieb: „In einer Volkswirtschaft mit fiat money steigen die Preise aus demselben Grund, aus dem sie bei einer Versteigerung steigen, bei der Falschgeldhersteller mitsteigern.“ Fakt ist, dass die Zentralbanken inflationieren, indem sie jeweils die monetäre Basis als Grundlage liefern, auf der die Geschäftsbanken alsdann ihre fiat money-Darlehen ausdehnen. „(Preis-)Inflation ist immer und überall ein monetäres Phänomen“, wurde auch der ‚Vater des Monetarismus‘, Milton Friedman, nicht müde zu wiederholen. Falsch ist auch die Theorie, Preisinflation sei eine Begleiterscheinung des Wirtschaftswachstums. Das Gegenteil trifft zu. Ein Mehr an Gütern bedeutet in aller Regel niedrigere Preise je Gut. Auch die Sprüche von höheren Öl- und Benzinpreisen als Teuerungstreiber sind falsch. Wenn die Bürger mehr für Öl und Benzin ausgeben müssen, reduzieren sie ihre Ausgaben für andere Güter – mit der Folge, dass deren Preise sinken. Das sogenannte „Preisniveau“ (Summe aller Güterpreise) steigt nicht, wenn ein Gut oder einige Güter aus nicht-inflationären Gründen – z. B. wegen steigender Nachfrage – teurer werden.

Jedenfalls kann das Preisniveau ohne Ausweitung der Geldmenge nicht steigen; genauso wenig wie der Wassserpegel in einer Badewanne steigen kann, wenn man kein neues Wasser zugießt. Was die Preise insgesamt nach oben treibt, ist stets die monetäre Inflation, die Steigerung des Geldangebots durch Gelddrucken und Ausweitung der Kreditmenge. Auch die Erhöhung der Umlaufgeschwindigkeit des Geldes, die wiederum die Preisinflation beschleunigen kann, ist selber ein Kind der Preisinflation. Das Geld wird bei merklicher und fortgesetzter Teuerung schneller ausgegeben – und dann auch vom Empfänger rascher zu Käufen benutzt. Relativ neu ist die Erkenntnis, dass die Umlaufgeschwindigkeit im Ausnahmefall auch bei steigenden Geldmengen sinken kann. Dann nämlich, wenn es zu massiven Vermögensverlusten in einer Krise kommt. Der sinkende Wert ihrer Anlagen und die ausfallenden Löhne lassen die Leute weniger ausgeben – trotz unaufhörlicher Geldproduktion der Zentralbank. Wenn jedoch der Prozess des Zerfalls der (Schein-)Vermögen sein Ende findet, wird die Umlaufgeschwindigkeit des Geldes wieder steigen und dann auf dem Boden der erzeugten gewaltigen Geldmengen beschleunigte Preisinflation bewirken. Fälschlicherweise werden oft auch Unternehmer und Konzerne (kurz: die Kapitalisten und der Kapitalismus) für anziehende Preise verantwortlich gemacht. Viele Poliltiker nähren dieses Fehlurteil. Ein Unsinn ohnegleichen, jedenfalls solange der Wettbewerb funktioniert und nicht politisch behindert wird. Oft handelt es sich bei der falschen Sünden(Schulden-)bock-Benennung um ein Täuschungsmanöver, das von den eigentlich Schuldigen, dem fiat money und den Zentralbanken, ablenken soll. Um die bereits vorgestellte Definition der Inflation in etwas anderer Form zu wiederholen: Inflation ist der Anstieg des Angebots an Geld und Kredit, relativ zum verfügbaren Angebot an Gütern und Diensten, was in der Folge zu einem allgemeinen Anstieg der Güterpreise führt. Die einzige Ursache der Preisinflation ist die Geldmengenvermehrung durch die Notenbanken und die kreditgebenden Geschäftsbanken. Nichts sonst. Und diese Geldmengenvermehrung ist politisch initiiert.

Inflation ist ein betrügerischer Vorgang. Der Betrug beginnt bereits mit der Installierung eines fiat money-Systems selber, weil es sich dabei um Falschgeld handelt. Wenn in Zeiten der Gold- und Silberwährung Geldfälscher ihr Vermögen auf Kosten anderer vermehren wollten, mischten sie den Gold- und Silbermünzen weniger edle Metalle bei. Das war Geldfälschung und Betrug. Wenn Regierungen fiat money einführen, das beliebig vermehrt werden kann, um damit auf Stimmenfang zu gehen und den Staatsapparat auszudehnen, dann steigert das – wie beim Metallfälscher – den Reichtum der Fälscher und vermindert den Wert des Geldes aller anderen Bezieher und Eigentümer von Geld. Räuberische Gewinner hier – und schuldlose Verlierer dort. Und das ist genau dasselbe wie im ersten Fall, nämlich Geldfälschung und Betrug. Die dem ungedeckten Papiergeld systemimmanente Inflation und Teuerung bewirkt auch eine Vergrößerung der Schere zwischen Arm und Reich. Die zur Geldvermehrung betriebene Niedrigzinspolitik verbilligt den Kapitaleinsatz gegenüber dem Faktor Arbeit und lässt die Vermögensgüterpreise steigen, während Geringverdiener und Rentner sich dem Kaufkraftverlust weniger entziehen können. „Das ist", so Professor Thorsten Polleit, „freiheitszerstörend, weil es der Marktwirtschaft angelastet wird, obwohl es sich um eine Verletzung ihrer Regeln handelt."

Ungerechte Umverteilung findet bei Inflation auch auf anderem Wege statt: Diejenigen, die zuerst Zugang zum neuen Geld haben (z. B. die Empfänger staatlicher Mehr- und Neuausgaben), gewinnen, weil sich die Warenpreise erst zeitverzögert erhöhen, die Frühbezieher des neuen Geldes also auf noch unveränderte Preise treffen. Alle späteren Bezieher des neuen Geldes verlieren (besonders die Rentner und Festeinkommensbezieher), weil die Preise im Lauf der Zeit immer mehr steigen. Insgesamt aber verlieren alle Leute, weil das ständig expandierende Geldangebot gigantische Blasen erzeugt, deren unvermeidliches Platzen Vermögenswerte und Ersparnisse zerstört (zusätzlich zur Entwertung durch permanenten Kaufkraftverlust), sowie zu Arbeitslosigkeit und weitverbreitetem Elend führt. Hinzu kommt die sog. „kalte Progression" der Einkommensteuer. Die nominell steigenden Einkommen geraten in eine höhere Progressionsstufe, obwohl deren realer Wert nicht (oder weniger) gestiegen ist als das Nominaleinkommen. 1958 wurde in Deutschland der Spitzensteuersatz beim 20,8-fachen des Durchschnitts-Bruttoeinkommens eines Arbeiters erhoben (damals 2.700 € im Jahr); 1983 wurde der Spitzensteuersatz bereits beim 3,9-fachen erreicht (damals 16.776 € im Jahr) – und 2007 beim nur noch 1,9-fachen des Durchschnitts-Brottoeinkommens eines Arbeiters (27.156 € im Jahr). Ein weiteres Übel des Geldwertschwundes entsteht durch die unverdiente Entlastung der Schuldner und die ebenso ungerechtfertigten Verluste der Forderungswerte der Gläubiger.

Von den finanziellen Folgen der Inflation ist die schlimmste jedoch der letztendlich unvermeidliche Totalruin der Währung, der in Staatsbankrott und Währungsreform mündet – und damit in den Verlust aller Geldvermögen der Bürger. Inflation und sporadische Währungsreform sind unter der Domäne des fiat money systematische Entschuldungsmethoden des Staates und somit geradezu systemimmanent, also im System angelegt. Als noch weit verhängnisvoller aber als die finanziellen Lasten und Qualen erweisen sich andere Begleiterscheinungen des monetären Niedergangs, nämlich der zunehmende Zerfall der moralischen und gesellschaftlichen Ordnung, der oft in Chaos und Revolution mündet – und schließlich in politischem Totalitarismus. Die Menschheitsgeschichte ist voll von Beispielen dafür. Schon beim Untergang des Römischen Reiches spielten die wechselseitig miteinander verbundenen Phänomene Militarisierung, Inflation und Überbesteuerung die Hauptrolle. (Man lese Edward Gibbon: 'Decline and Fall of the Roman Empire'). Inflation ist immer ein sicheres Zeichen für den Niedergang einer Zivilisation. Dass Ost-Rom (Byzanz) seinen sterbenden Vorgänger West-Rom um tausend Jahre überlebte, hatte seinen Grund darin, dass Ost-Rom die einzige Gesellschaft war, die tausend Jahre lang eine Goldwährung hatte. Auch die Französische Revolution (die alles andere als „glorreich" war; s. Edmund Burke), war vor dem Hintergrund von Inflation und Staatsbankrott ausgebrochen. Nur weil der König pleite war, rief er die Generalstände ein, deren Ballhaus-Schwur die Revolution einleitete.

Auch in der deutschen Geschichte ist das Verhängnis der nationalsozialistischen Diktatur nicht ohne die vorausgegangene Hyperinflation und Währungsreform denkbar. Sie hatte den Mittelstand als stabilisierende Gesellschaftsschicht verarmen lassen und ihn damit verbittert und radikalisiert. Das hat wesentlich zur Ablehnung und zum Zusammenbruch der Weimarer Demokratie beigetragen. Die große Weltwirtschaftskrise, die ihrerseits wieder ein Kind der massiven Inflationierung durch die amerikanische Zentralbank war, hat mit ihren Arbeitlosenheeren den übrigen revolutionären Dampf geliefert, der zum Aufstieg des NSDAP-Regimes führte. Stefan Zweig hat in seiner Biographie geschrieben: „Nichts hat das deutsche Volk … so erbittert, so hasswütig, so hitlerreif gemacht wie die Inflation.“ Preisinflation bedeutet eben nicht nur Kaufkraftverlust der Währung, sondern sie erodiert auch den Charakter der Menschen. Der Brite Theodore Dalrymple hat (sinngemäß) geschrieben: Inflation unterminiert nicht nur die traditionellen bürgerlichen Tugenden, sondern macht sie lächerlich und verkehrt sie sogar in ihr Gegenteil. Klugheit, Vernunft und Vorsicht werden zu Unvernunft, Sparsamkeit wird Leichtsinn, Mäßigkeit wird Dummheit, Nüchternheit wird zu Antriebslosigkeit, Bescheidenheit wird zu mangelndem Ehrgeiz, Selbstkontrolle zu Betrug des inneren Selbst, Geduld wird zu mangelnder Vorausschau, Festigkeit zu Inflexibilität. Alles, was Weisheit war, wird zu Dummheit. Und die Umstände zwingen fast jeden, bei dem Veitstanz mitzumachen. Nur den Empfängern von staatlich garantierten Einkommen (Bürokraten, öffentlich Bediensteten und Funktionären) mit mehr oder weniger explizit gegen Inflation indexierten Bezügen geht es finanziell gut. Aber ihre Zahl wächst und ihre Abhängigkeit vom Staat nimmt zu. Auch das unterminiert den Charakter. Inflation ist nicht nur ein monetäres Phänomen, sie hat auch schwerwiegende Auswirkungen auf die Gesinnung der Menschen.

In der aktuellen Krise, die sich alsbald zur „Größeren Depression" ausweiten wird (größer als die Große Depression der 30er Jahre) und die ihren Ursprung in den – vorangegangenen und laufenden – inflationären Aufblähungen mit Ozeanen aus Papier- und Kreditgeld hat, wird sich wiederum erweisen, dass die Bürger den Glauben an die Marktwirtschaft verlieren und immer mehr den sozialistischen und freiheitsfeindlichen Sirenenklängen von Neid- und Hass-Predigern auf den Leim gehen. Die politische Scharlatanerie wird umso mehr Anklang finden, als der Geldwertzerfall wiederum den Mittelstand ausrotten wird. Chaos, Aufstände, explodierende Kriminalität und möglicherweise sogar Bürgerkrieg werden sich einstellen und politischen Totalitarismus heraufbeschwören. „Wie der Albatros als Vorbote des Sturms", hat Ortega y Gasset geschrieben, „so taucht der Mensch der Tat stets am Horizont auf, wenn eine neue Krise ausbricht." (Wobei mit „Mensch der Tat" ein Diktator gemeint ist, der eine „Zeit der Rebarbarisierung" einleitet). Die weit überwiegende Mehrheit der Bürger versteht wenig oder nichts vom Wesen des Geld- und Finanzsystems. Sie werden mit zunehmender wirtschaftlicher Verelendung die Parolen der politischen Propagandisten von habgierigen Spekulanten und unersättlichen Managern glauben, und sie werden dann ausgerechnet die Politiker unterstützen, die bei genauer Betrachtung für die Verelendung verantwortlich sind. Denn es ist die von der Politik erzeugte permanente Inflation und der aus ihr erwachsende geldmengeninduzierte Boom, die zum Fehlverhalten anreizen. Bei fast allen Leuten in allen Gesellschaftsschichten kann man dann Realitätsverlust, Anspruchsdenken, krassen

Materialismus und Moralzerfall beobachten. Dass diejenigen am meisten die Bodenhaftung verlieren, die auch mit dem meisten „Stoff" des Booms zu tun haben – also mit den babylonischen Türmen aus Scheingeld und Scheinreichtum (Schulden), liegt in der Natur der Sache.

Üble Missstände zu erzeugen und dann anderen die Schuld zuzuweisen, ist geradezu das Wesen der Politik. Der amerikanische Ökonomie-Professor Gary Galles nennt dieses Phänomen „Greedy-Bastard Economics", ins Deutsche mit „Politische Ökonomie der habgierigen Halunken" zu übersetzen. Fast alle polit-ökonomischen Maßnahmen sind dazu angetan, die Menschen gegeneinander aufzubringen. Wenn die Regierung z. B. Mietpreisbindungen anordnet und die Vermieter deshalb Renovierungsarbeiten unterlassen, weil sich das Mietobjekt nicht mehr rentiert, dann kommt es zu Missstimmungen und Streit zwischen Vermietern und Mietern. Die Vermieter gelten als „habgierige Halunken". Oder wenn die Arbeiter nicht wissen, dass der Arbeitgeberanteil bei den Lohnsteuern und Sozialabgaben eigentlich Lohnbestandteil ist und dass ihre wahren Löhne (und somit auch die Lohnkosten) fast doppelt so hoch sind wie die ausbezahlten Nettolöhne, dann geraten die Unternehmer in den Ruf, habgierige Schweine zu sein. In Wirklichkeit sind die politischen Figuren und Parteien, die solche Regeln erstellen, die habgierigen Schweine. Um des eigenen Machtgewinns willen locken sie die Stimmbürger mit vermeintlichen Wohltaten, welche sich zu deren Schaden entwickeln und von den angeblich Beglückten selber bezahlt werden müssen. Der böse Schein der Habgier und Gewinnsucht fällt aber auf diejenigen, welche die Gesetze in die Tat umsetzen müssen und vor ihren Mietern oder Arbeitern als die eigentlichen Abzocker dastehen. Dasselbe gilt für die mit Steuern und Abgaben belasteten Güterpreise, für Mindestlöhne, für Verbrauchssteuern und für so gut wie alle gesetzlichen

Vorschriften, die in die Vertragsfreiheit der Marktteilnehmer eingreifen. Und, was uns an dieser Stelle beschäftigt, es gilt auch für die Inflation. Obwohl von der politischen Kaste und ihrer Zentralbank verursacht und betrieben, werden die schlimmen Folgewirkungen – auch diejenigen unmoralischer Natur – von den wahren Verursachern, nämlich von den machtverliebten und pfründegierigen Politikern, im politischen Propagandagetöse anderen angelastet, den angeblich „gierigen Halunken" in Unternehmerschaft und Management, bei den Reichen und Immobilienbesitzern, bei den Spekulanten und Vermögensverwaltern. Das bringt das Volk in Rage und bewirkt, dass die politischen Neid- und Hass-Parolen auf fruchtbaren Boden fallen. Es bringt die Menschen und die verschiedenen Bevölkerungsgruppen gegeneinander auf – und dient somit dem uralten Machtinstrument namens „teile und herrsche". Leider werden die wenigsten Menschen jemals begreifen, wer bei diesem bösen Spiel die wahren Verursacher sind – und wer die wirtschaftliche und finanzielle Misere letztlich in den machtpolitischen Reibach der Revolution und des Totalitarismus ummünzt.

Obwohl der berühmteste aller Ökonomen, John Maynard Keynes – oder Lord Keynes, den betrügerischen und gefährlichen Charakter der Inflation genau kannte, beruht einer der Pfeiler seiner Lehren darauf, diesen Betrugsmechanismus auch betrügerisch einzusetzen. Weil in einer schweren Krise eigentlich die Löhne sinken müssten, so Keynes, die Gewerkschaften aber ein solches Sinken verhindern würden, müsse man Inflation erzeugen. Denn bei anhaltender Teuerung würden die Löhne nicht rasch genug mitziehen, das heißt, dass zwar die Nominallöhne nicht sinken, sehr wohl aber die Reallöhne (die Kaufkraft des Lohnes) – und somit auch die echten Lohnkosten der Unternehmen. Und das trage zur Wiedergesundung der Wirtschaft bei, indem es eine größere Arbeitslosigkeit verhindere. Der französische Ökonom Jacques Rueff hat schon früh die verheerenden Wirkungen des Keynes,schen Betrugssystems erkannt, die Löhne „still und heimlich" über Inflation zu senken, um vermeintlich die Arbeitslosigkeit zu bekämpfen. Er nannte diese Vorgehensweise „Lohnsenkungen ohne Tränen". Das Märchen von der beschäftigungsfreundlichen Wirkung einer moderaten Inflation fand später als sogenannte *Phillips-Kurve* Eingang in den Kanon der Mainstream-Ökonomik. Der Nobelpreisträger Friedrich A. von Hayek hat diese gefährliche und falsche Theorie 1972 mit seiner Schrift ‚A Tiger by the Tail / The Keynesian legacy of inflation' schlüssig widerlegt. Aber erst in den Folgejahren, als entgegen der Keynes,schen Lehre Inflation und Arbeitslosigkeit zugleich auftraten (sog. Stagflation), kamen einigen Ökonomen Zweifel an der Theorie.

Keynes scheute sich also nicht, einen betrügerischen Trick zu empfehlen, obwohl er an anderer Stelle geschrieben hat: „Lenin soll erklärt haben, dass der beste Weg zur Vernichtung des kapitalistischen Systems die Vernichtung der Währung sei. Durch fortgesetzte Inflation können Regierungen sich insgeheim und unbeachtet einen wesentlichen Teil des Vermögens ihrer Untertanen aneignen. Lenin hat recht. Es gibt kein feineres und kein sichereres Mittel, die bestehenden Grundlagen der Gesellschaft umzustürzen, als die Vernichtung der Währung. Dieser Vorgang stellt alle geheimen Kräfte der Wirtschaftsgesetze in den Dienst der Zerstörung, und zwar in einer Weise, die nicht einer unter Millionen richtig zu erkennen imstande ist." Doch steht die Einstellung der meisten Menschen der Keynes,schen Ungereimtheit in nichts nach. Obwohl z. B. die Deutschen eine offene und eine verdeckte Hyperinflation sowie zwei Währungsreformen in einem Jahrhundert erlebt haben, und obwohl ihnen die apokalyptischen Folgen der ersten großen Inflation noch in den Knochen stecken sollten, lieben sie die Inflation – jedenfalls „ein wenig Inflation“ – genauso wie die Bewohner aller anderen Länder. Wie schon beim fiat money ausgeführt, so findet man fast ausschließlich Leute, die einer moderaten Preisinflation freundlich gesinnt sind. Für jedermann – inklusive der Politiker und Ökonomen natürlich – scheint sie das Leben, das Verdienen und Geschäftemachen „irgendwie zu erleichtern“. Für eine Weile kann dies auch stimmen, aber der schöne Schein rächt sich irgendwann bitter. Die Menschen müssen für eine lang anhaltende und sich schließlich fast immer beschleunigende Preisinflation einen hohen finanziellen, wirtschaftlichen und meistens auch politischen Preis zahlen. Sie zahlen mit erheblichen Einbußen oder mit dem Verlust ihrer Vermögen, mit dem Verlust ihrer Ersparnisse und Altersvorsorge, mit dem Verlust ihrer Freiheit und Sicherheit, nicht selten sogar – als höchstem Preis – mit dem Verlust ihres Lebens.

2. Deflation

Bei der *Deflation* findet dasselbe begriffliche Verwirrspiel statt wie beim Ausdruck *Inflation*. Deshalb eine Klärung vorweg: *Deflation* nennt der korrekte Ökonom das Schrumpfen der Geldmenge oder das Sinken des Geldangebots. Allgemein sinkende Preise sind nicht gleich Deflation, sondern eine Folgeerscheinung der Deflation. Das Sinken bestimmter Güterpreise kann natürlich auch andere Ursachen haben, wie abnehmende Nachfrage oder wachsendes Angebot bei den betreffenden Gütern und Diensten – oder beides. Auch technischer Fortschritt in bestimmten Branchen kann zu niedrigeren Preisen bei deren Produkten führen. Aber ein auf breiter Front erfolgendes rapides Sinken der Preise ist nur bei schrumpfender Geld- und Kreditgeldmenge möglich (und / oder bei sinkender Umlaufsgeschwindigkeit des Geldes, was ja auf dasselbe hinausläuft wie eine geringere Menge des umlaufenden Geldes).

Deflation des Geldangebots ist in einem Gold- und Silberstandard höchst unwahrscheinlich. Da das Schürfen der Edelmetalle Zeit und Geld kostet, kann das mit ihnen geprägte oder unterlegte Geld nicht rasch und nicht in unnatürlichen Mengen wachsen. Weil das Wachstum gering ist, kann auch eine eventuell eintretende Schrumpfung nicht gewaltige Dimensionen annehmen. Wenn Gold- und Silbermünzen die vorherrschende Geldart sind, bewirkt eine Steigerung der Güterproduktion ein tendenzielles Sinken der Preise. Mehr Güter und Dienste jagen dann dieselbe Geldmenge, was zu ständig leicht sinkenden Preisen führt. Normalerweise sorgen technische Neuerungen, mehr Kapitaleinsatz und bessere Organisation der Produktion – sowie der Wettbewerb zwischen den Anbietern von Gütern und Diensten dafür, dass die Preise leicht aber stetig fallen. Und niedrigere Preise bedeuten mehr Wohlstand, weil sich die Leute für ihr Geld mehr kaufen können. Diese Tendenz konnte man während der gesamten Zeit des Goldstandards (mit Ausnahme von Kriegen) beobachten. Preis-Deflation stellt somit einen Mehrwert für alle und für jeden einzelnen dar. Deflation als Kontraktion der Geldmenge ist jedoch keine gesellschaftliche Wohltat, weil eine schrumpfende Geldmenge zu Krisen führt. Echtes Geld erzeugt also die gute Form der Preisdeflation, fiat money oder Falschgeld birgt die ständige Gefahr der üblen Form der Deflation in sich (s. Gary North).

Man beachte aber, dass eine ausgeprägte Form der Deflation nur dann auftreten kann, wenn zuvor gigantische inflationäre Übertreibungen stattgefunden haben. Und auch dann ist es mehr als fraglich, ob der krisenhafte Preiszerfall wirklich ein Übel ist, denn genau besehen stellt er die einzig mögliche

Heilkur für die vorangegangenen krankhaften Auswüchse dar. Zentralbanken und Ökonomen warnen uns seit Jahren vor den Gefahren der Deflation. Zugleich freuen wir uns aber seit Jahren über alle Preise, die sinken. Wenn nicht wenigstens einige Güter im Preis gesunken wären, wäre es heute noch viel miserabler um die Kaufkraft unserer Währung und um unseren Lebensstandard bestellt. Der brillante amerikanische Ökonom Llewellyn H. Rockwell, Jr. hat einmal die Frage gestellt: „Macht Deflation das Geschäftsleben schwieriger?" und er hat zugleich die Antwort gegeben: Selbstverständlich. Die Händler können ihren Warenbestand nicht so lange halten. Den Gewinn zu wahren und Verluste zu vermeiden, bedeutet – schwieriger als bei ständigen Preissteigerungen – endlose Innovation, strenge Kostenkontrolle und permanente Aufmerksamkeit bezüglich der Konkurrenz. Die Konsumenten erwarten mehr für ihren Dollar oder ihren Euro, sowie einen besseren Service. Warum sollte man das bedauern? Eine Wirtschaft, in der Verschwendung auf ein Minimum beschränkt wird, die Leute gut bedient werden, der Konsument König ist, die Firmen mit hoher Effizienz und Innovationskraft arbeiten: Alles das ist gut. Deflation hat nie jemandem geschadet – außer denen, die für ihre Gewinne nicht hart arbeiten wollen. Und dazu gehören – auf indirektem Wege – auch die Politiker. Wenn die jeweils Herrschenden den Beziehern staatlicher Transferleistungen ständig die ausbezahlten Beträge kürzen müssten, weil deren Kaufkraft inzwischen gestiegen ist, würden die Wähler sie bei nächster Gelegenheit davonjagen. Außerdem gibt es viele Transferzahlungen, die nicht gekürzt werden können. So gibt es z. B. bei der staatlichen Rente in den USA eine automatische Anpassung an die durch Preisinflation ausgelösten Steigerungen der Lebenshaltungskosten, aber keine legale Möglichkeit der Kürzung der Renten bei Preisdeflation. Der Staat müsste also bei sinkenden Preisen „real" immer mehr zahlen. Umgekehrt können die regierenden Funktionäre den Leuten bei steigendem Preisniveau unter großem Wohltäter-Getöse immer mehr auszahlen, obwohl es eigentlich gar keine Mehrleistungen sind, weil die Empfänger sich damit ja nicht mehr kaufen können. Auch deshalb fürchten Politiker sinkende Preise wie der Teufel das Weihwasser – und lieben die permanente „moderate" Preisinflation.

Der Glaube, sinkende Preise würden Deflation bedeuten und müssten gefürchtet und verhindert werden, ist eine schwere ökonomische Verirrung, die nicht nur von Laien geteilt wird, sondern leider auch von fast allen Ökonomen (außerhalb der Österreichischen Schule). Der Irrtum folgt aus der unsauberen oder falschen Definition von Deflation. Wie bereits gesagt, ist Deflation nicht gleich sinkende Preise, sondern heißt abnehmende Geldmenge und / oder sinkendes Ausgabenvolumen. Fallende Preise sind nicht per se Deflation, sondern eine Folge der Deflation. Am klarsten hat diesen Zusammenhang der amerikanische Ökonom George Reisman dargestellt. Seine diesbezüglichen Ausführungen lauten (z. T. wörtlich, z. T. sinngemäß):

Völlig unabhängig von Deflation können sinkende Preise auch die Folge einer Steigerung der Produktion und des Angebots an Gütern sein – also eines wesentlichen Elements des wirtschaftlichen Fortschritts und eines steigenden Lebensstandards. In diesem Fall gehen sinkende Preise nicht einher mit einem Rückgang der Verkaufserlöse oder der Gewinne der Unternehmen, auch nicht mit Schwierigkeiten bei der Schuldenbedienung oder mit zunehmenden Konkurszahlen. Alle diese Phänomene sind einzig und allein das Ergebnis von Deflation (Geldmengenschrumpfung), nicht von sinkenden Preisen. Sinkende Preise sind sogar so weit davon entfernt, Deflation zu sein, dass sie als Gegenmittel gegen Deflation betrachtet werden müssen. Sie sind es, die es einer von Deflation geplagten Volkswirtschaft ermöglichen, sich von dieser Deflation zu erholen und die Früchte des wirtschaftlichen Fortschritts zu ernten.

Man überlege (ein Beispiel): Vor dem gegenwärtigen finanziellen Abschwung ging Bill ein Mal in der Woche in seinen örtlichen Supermarkt. Er konnte es sich leisten, 10 Dollar für 10 Flaschen Wasser zu je einem Dollar auszugeben. Jetzt, im Abschwung, kann sich Bill nur noch leisten, 5 Dollar für Wasser auszugeben. Bei welchem Preis könnte sich Bill trotzdem noch 10 Flaschen Wasser leisten? Antwort: Beim Preis von 50 Cents je Flasche. Sinkende Preise ermöglichen es also, bei geringerem Budget trotzdem so viel kaufen zu können, wie vorher mit höherem Budget. Dieses erfreuliche Ereignis tritt auch dann ein, wenn sinkende Preise nicht zu einem Mehrkauf des betreffenden Gutes führen. Nehmen wir an, Bill braucht in der Woche 4 Liter Milch. Wenn der Liter Milch statt 2 Dollar nur noch 1 Dollar kostet, braucht Bill dennoch nicht mehr als 4 Liter. Aber nun hat er 4 Dollar übrig für den Kauf anderer Güter, deren Kauf er sich bisher nicht leisten konnte. Dasselbe kann geschehen, wenn der Preis für Benzin oder Heizöl sinkt. Im krassen Gegensatz zu sinkenden Preisen ist Deflation ein Prozess der finanziellen Schrumpfung. In unserer gegenwärtigen Situation haben wir es mit einem Schrumpfen des Kredits und der kreditabhängigen Ausgaben zu tun. Sinkende Preise – und auch sinkende Löhne, der Preis der Arbeit – sind das wesentlichste Mittel der Anpassung und der Überwindung dieser Deflation.

George Reisman, ein Vertreter der Österreichischen Schule der Nationalökonomie, hat klar erkannt, dass die Begriffsverwirrung, die Verwechslung von sinkenden Preisen mit Deflation, gegenwärtig einer wirtschaftlichen Erholung aus der Weltkrise entgegensteht. Indem sie sinkende Preise, die ja richtig gesehen Folge und Heilmittel der Deflation sind, mit Deflation selber verwechseln, werden die Leute dazu verführt, die Lösung des Problems für das Problem per se zu halten, das es zu lösen gilt. Deshalb rufen sie nach Staatsinterventionen und nach Zentralbankaktivitäten, die das Sinken der Preise verhindern sollen – vor allem bei den Hauspreisen und den Löhnen. In dem Maße aber, wie das der Politik und der Zentralbank gelingt, wird zugleich die wirtschaftliche Erholung verhindert und die Krise verschlimmert und verlängert. Es verhindert, dass die Leute bei deflationär verringertem Ausgabevolumen dennoch größere Mengen an Gütern und Diensten kaufen können (was sie ja bei niedrigeren Preisen könnten). Wer das Sinken der Preise verhindert, vermeidet also nicht die Deflation, sondern macht sie schlimmer. Es veranlasst die Leute, ihre Käufe sogar bei Dingen einzuschränken, die sie sich leisten könnten, weil sie nämlich damit rechnen, dass die Preise doch irgendwann noch sinken könnten, wenn sich die Situation verschlimmert. Wenn die Preise hingegen in hinreichendem Maß fallen könnten, würden die Konsumenten mehr ausgeben und somit die Erholung fördern. Die Preissenkungen, die sie erwartet haben, wären ja nun eingetreten. Die wirtschaftliche Erholung erfolgt, weil die Kaufkraft der geringeren Ausgabenbudgets gestiegen ist. Natürlich würde das alles nicht reibungslos erfolgen. Es gibt keinen schmerzlosen Weg aus der gegenwärtigen Weltkrise. Der einzig richtige Weg wäre, die Märkte frei wirken und somit Preise, inklusive Löhne, sinken zu lassen. Alles andere, vor allem die Milliarden-Bailouts des Staates und der Zentralbanken, verhindert zunächst das Sinken der Preise – und damit in der Folge auch die Erholung. Und es schafft zugleich neue Ozeane aus Papiergeld und Kredit, die irgendwann den Prozess in eine Hyperinflation mit all ihren schrecklichen Begleiterscheinungen umschlagen lassen.

Wenn Mainstream-Ökonomen von sinkenden Preisen hören, ziehen sie ein weiteres falsches Ass aus dem Ärmel. Bei fallenden Preisen, sagen sie, halten sich die Leute mit Käufen zurück, weil sie noch niedrigere Preise in der Zukunft erwarten. Das würde einen weiteren Preisverfall verursachen und die Spirale würde sich noch weiter nach unten drehen. Wie falsch dieses Argument ist, erkennt man bei einem Blick auf die Märkte für Computer-Hardware und -Software. Diese verbessern sich ständig. Wie aber könnten die Computer-Hersteller und Software-Entwickler überleben, wenn die Konsumenten dauernd warten würden, bis ein besseres und schnelleres Modell auf den Markt kommt? Obwohl die Käufer sicher sind, dass sie bei weiterem Zuwarten bessere und billigere Geräte bekommen würden, kaufen sie trotzdem in gewissen Zeitabständen neue Ausrüstungen. Wenn dem nicht so wäre, würde ja niemand überhaupt jemals etwas kaufen. Wenn die Leute einen gewissen Sparbetrag beiseite legen wollen, dann können sie das umso eher und schneller, je mehr die Güterpreise sinken. Umso eher und schneller ist also das Bedürfnis nach Vorsorge erfüllt. Und umso eher geben die Leute das restliche Geld dann aus. Außerdem ist bei sehr vielen Gütern ein weiteres Hinausschieben der Anschaffung mit schweren Einbußen an Lebensqualität und Schaffenskraft oder beruflichem Fortkommen verbunden, sodass nur kurze Warteperioden in Kauf genommen werden. Es sollte den Ökonomen zu denken geben, dass auch diese vernünftigen Argumente nur bei Kollegen der Österreichischen Schule zu finden sind. Wie man es auch dreht und wendet, fest steht: Sinkende Preise oder Preisdeflation sind nicht Ursachen von Wirtschafts- und Finanzkrisen, sondern deren Folgen – und zugleich deren Heilkur.

3. Große Depression der 1930er Jahre

Die irrtümlichen und falschen Theorien über das Phänomen Deflation sind so alt wie die Große Weltwirtschaftskrise der Dreißiger Jahre des vorigen Jahrhunderts. Weil die damalige Depression von berühmten Ökonomen wie Keynes und Milton Friedman falsch gedeutet wurde, haben sich deren Fehlinterpretationen bis heute gehalten und werden von den meisten Ökonomen noch immer unkritisch übernommen. Der genialische Wissenschaftler Murray N. Rothbard hat mit den trügerischen Legenden über die Ursachen der großen Weltwirtschaftskrise bereits 1963 gründlich aufgeräumt (‚America's Great Depression'). Da er aber ein „Austrian" war, ein Anhänger der Österreichischen Schule der Nationalökonomie und weil diese Schule noch nie den Politikern und Mode-Ökonomen nach dem Munde geredet hat, wurden seine Arbeiten außerhalb der Austrian Economics ignoriert. Aktuell verdient das Buch eines anderen amerikanischen und den Austrians nahestehenden Ökonomen, Robert Murphy, mit dem Titel ‚The Politically Incorrect Guide to the Great Depression and the New Deal' höchste Aufmerksamkeit. Es stößt schon deshalb auf größeres Interesse, weil die Österreichische Schule in den USA mit der Person des Texanischen Kongressabgeordneten und ehemaligen Präsidentschaftskandidaten Ron Paul an Bekanntheitsgrad gewonnen hat. Ron Paul sorgt seit Monaten für Aufregung in der politischen Landschaft der USA, zuletzt mit seiner Initiative, das Federal Reserve System einer intensiven Rechenschaftsprüfung durch den Kongress zu unterziehen. In der aktuellen Krise sorgt auch sein Buch ‚End the Fed' (Schafft das Fed ab) für Furore.

Zu den Thesen von Robert Murphy: Er belegt, dass und wie der damalige US-Präsident, Franklin D. Roosevelt, die Depression erst zur Großen Depression gemacht hat. Prinzipiell gibt es drei konkurrierende Theorien zur Erklärung der verheerenden Depression jener Zeit: 1) die Keynes,sche, die sich auf einen Mangel an Gesamtnachfrage konzentriert, 2) Milton Friedmans Monetarismus, der die Schwere der frühen Depressionsjahre auf eine drastische Reduzierung der Geldversorgung (des Geldangebots) durch das Fed zurückgeführt hat, und 3) die Theorie der Österreichischen Schule, die Murphy bevorzugt. Herbert Hoover, Präsident bei Ausbruch der Krise, verteidigte eine Version der Keynesianischen Theorie, obwohl er diese damals noch nicht kennen konnte. Wenn die Löhne einbrechen, meinte Hoover, sei die Kaufkraft nicht mehr ausreichend, um für eine Wiederbelebung zu sorgen. Deshalb mahnte er die Unternehmer, die Löhne auf keinen Fall zu senken. Murphy entlarvt diesen Irrtum, indem er darlegt, dass Löhne nicht Ursache des Wohlstands sind, sondern Indikatoren (Zeichen) des Wohlstands. Letztlich ist es egal, wieviel Papierscheine die Unternehmer ihren Arbeitern aushändigen. Wenn die Arbeiter die Güter und Dienste nicht zuerst physisch herstellen, wird nichts in den Ladenregalen stehen, was sie mit ihren Lohnschecks kaufen könnten. Man mag nun einwenden: Ist nicht das Produktions- und Beschäftigungsniveau von der aggregierten Nachfrage bestimmt? Werden die Geschäftsleute ihre Güterproduktion nicht einschränken, wenn sie erwarten, dass sie in Zukunft bei sinkenden Löhnen weniger verkaufen können? Murphy benennt den diesem Einwand zugrundeliegenden Irrtum: Das Problem in einer Depression ist nicht, dass die Produktion generell zu niedrig wäre, sondern dass die Ressourcen nicht in ihre beste Verwendung geflossen sind und deshalb umgeschichtet werden müssen.

Hoover hat also den Keynes,schen Denkfehler vorweggenommen. Indem er sich auf aggregierte monetäre Größen wie die „Gesamt-Lohnsumme“ konzentrierte, hat er vollständig die Tatsache übersehen, dass die realen physischen Ressourcen neu arrangiert werden müssen, wenn die Ungleichgewichte in der Wirtschaft korrigiert werden sollen. Es war nicht so, dass die Unternehmen zu viel produzierten, sondern so, dass einige Sektoren zu viel produzierten, während andere Sektoren zu wenig produzierten – „zu viel" oder „zu wenig" im Verhältnis zu den vorhandenen Ressourcen der Volkswirtschaft, sowie zu viel oder zu wenig im Verhältnis zu den vorhandenen Fertigkeiten und Wünschen der Arbeiter und zu den Vorlieben der Konsumenten. Man muss den Blick auf die physischen Güter richten, nicht auf die monetäre Gesamtnachfrage. Die einzige Möglichkeit, die Lage zu verbessern, hätte darin bestanden, die Arbeiter und Ressourcen umzuschichten, genauer: Die Umschichtungsprozesse laufen zu lassen. Einige Unternehmen hätten schließen müssen, ihre Arbeiter freisetzen und die Rohmaterialien freigeben, die sonst verbraucht worden wären. In einer echten Marktwirtschaft wäre das kein großes Problem. Natürlich wären mit solcher Freiheit notwendigerweise längere, letztlich aber vorübergehende Arbeitslosigkeit und zeitweilig ungenutzte Kapazitäten verbunden. Arbeiter und Ressourcen müssen ja erst eine „neue Heimat" suchen und finden. Aber keineswegs hätte sich die Depression dann zur Großen Depression ausgeweitet und verlängert, sondern wäre nach relativ kurzen schmerzlichen Anpassungsmühsalen ausgelaufen.

Die monetaristische Sicht Milton Friedmans widerlegt Murphy ebenfalls (auch mit Blick auf den derzeitigen Fed-Chef Ben Bernanke, der bezüglich der Depressionsursachen Friedman-Anhänger ist). Murphy deckt die Fehlerhaftigkeit der oberflächlichen mainstream-Analyse der Deflation auf. Nach dieser Sicht erwarten die Leute sinkende Preise und halten sich deshalb mit Käufen zurück. Gerade das aber, so die herrschende Meinung, würde einen weiteren Preisverfall verursachen und die Spirale der Depression nach unten drehen. Murphy hält das Argument dagegen, das wir in etwas anderer Form bereits beim Thema Deflation kennengelernt haben: Man denke sich, so Murphy, einmal eine Computerindustrie, in welcher die Regierung mit Regulierungsmaßnahmen eingreift, um Verbesserungen in den Betriebssystemen und bei der Prozessorgeschwindigkeit zu bremsen oder zu verbieten, weil sie die ständigen Preissenkungen in diesem Wirtschaftssektor verhindern will. Die Leute würden erst recht nichts kaufen. In Wirklichkeit kaufen sie, obwohl sie sicher sind, dass sie billigere und bessere Geräte bekommen würden, wenn sie noch lange warten würden. Es ist einfach unsinnig, das ständige Billigerwerden bestimmter Waren als Kaufhindernis zu betrachten. Man käme sonst zu einem völlig irrealen Szenario, in dem niemand jemals etwas kauft.

Murphy zeigt an vielen Beispielen, wie grundfalsch die Keynes'schen und monetaristischen Theorien sind. Wenn, wie die Keynesianer sagen, höhere Ausgaben des Staates die Gesamtnachfrage wiederbeleben, warum haben dann die Ausgaben-Orgien von Hoover und Roosevelt Amerika nicht aus der Depression geholt? Die Keynesianer sagen, die Ausgaben hätten eben größer sein müssen. Damit wird einer falschen Theorie nur noch mehr Platz eingeräumt. Und zu Milton Friedmans Theorie, das Fed hätte damals zu stark gebremst, führt Murphy aus, dass das Fed gleich nach dem Crash des Aktienmarktes begonnen hat, die Märkte mit Liquidität zu fluten und die Zinsen auf Niedrigst-Rekordniveau zu senken. Außerdem zeigt ein Blick auf die Depression zwischen 1839 und 1843, dass die Zurückhaltung der Notenbanken kein Fehler war. Damals fiel das Geldangebot um 34 Prozent und die Großhandelspreise sanken um 42 %. Wenn die Monetaristen recht hätten mit ihrer Aussage, die Weigerung des Fed, dem sinkenden Geldangebot in den frühen 30er Jahren entgegenzuwirken, habe die Depression verschlimmert, dann hätte die Depression, die 90 Jahre vorher stattgefunden hatte, nämlich von 1839 bis 1843, verheerend sein müssen. Das war sie aber nicht, sondern wurde relativ rasch und ohne große Schmerzen überwunden. In einer der Großen Depression nur ein Jahrzehnt vorangegangenen Depression der Jahre 1920/21 waren die Resultate der finanzpolitischen Mäßigung sogar noch besser. Obwohl – oder gerade weil – die Präsidenten Wilson und Harding die Regierungsausgaben zurückfuhren statt sie zu erhöhen, war jener scharfe Abschwung von 1920/21 so kurz, dass heute fast niemand mehr etwas von ihm weiß. Auf die heutige Situation angewendet, ist Murphys Schlussfolgerung, dass die riesigen Stimulans-Pakete der Obama-Administration und andere Rettungsversuche die Misere ebensowenig heilen werden wie der New Deal die Große Depression geheilt hat. Sie vergrößern hingegen die Gefahr, dass der auf dem alten New Deal aufbauende „neue" New Deal die amerikanische Wirtschaft vollständig in den Sand setzen wird.

Was Murphy's eigene Theorie zur Erklärung der Großen Depression der 1930er Jahre anbelangt, liegt diese fast ganz in der Tradition der diesbezüglichen Ausführungen anderer namhafter Austrians. Zu nennen wäre hier z. B. der amerikanische Ökonom deutscher Herkunft Hans F. Sennholz. Obwohl wir mit der Darstellung seiner Interpretation einige Ausführungen zum nächsten Kapitel (V. ZYKLEN) vorwegnehmen, sei sie nachfolgend kurz vorgestellt: Der spektakuläre Börsencrash von 1929 ereignete sich nach einer Fünfjahresperiode bedenkenloser Kreditexpansion des Fed unter der Coolidge-Regierung. Nach einem deutlichen Einbruch der US-Wirtschaft im Jahr 1924 schufen die Banken des Fed-Systems um die 500 Millionen Dollar an neuen Krediten, welche im Gesamtbankensystem eine Kreditexpansion von über 4 Milliarden Dollar innerhalb weniger Monate auslösten. Während die unmittelbaren Wirkungen dieser Injektion an Geld und Kredit anfänglich wohltuend waren und den Abschwung von 1924 ausbügelten, war das Endergebnis verheerend. Es war nämlich der Beginn einer Geldpolitik, die konsequent zum Börsencrash von 1929 und der nachfolgenden Depression führte. Es war eine Art Start dessen, was als *New Deal* in die Geschichte einging. Die Kreditexpansion der Federal Reserve Bank von 1924 sollte unter anderem auch die Bank von England in ihrer Bemühung unterstützen, den Vorkriegs-Wechselkurs des Pfundes aufrechtzuerhalten. Man wollte in einer gemeinsamen Anstrengung den starken US-Dollar und das schwache Britische Pfund wieder auf ihren Vorkriegs-Wechselkurs hieven, indem man in den Vereinigten Staaten eine Inflationspolitik betrieb und in Großbritannien eine Deflationspolitik.

1927 trat das Fed-System eine weitere Inflation los; mit dem Ergebnis, dass die umlaufende Geldmenge (Bargeld plus Sicht- und Kurzfrist-Einlagen bei Banken) zwischen Mitte 1924 und 1929 von 44,5 Milliarden US-$ auf über 55 Milliarden US-$ stiegen. Das Volumen des Hauptsektors der Hypotheken expandierte von knapp 17 Milliarden US-$ 1921 auf über 27 Milliarden US-$ 1929. Ähnliche Aufblähungen traten bei der Verschuldung der Industrie, des Finanzsektors und der Regierungen auf Bundes- und Landesebene auf. Diese Ausweitung des Geldes und Kredites war begleitet von rapide steigenden Immobilien- und Aktienpreisen. So explodierten z. B. die Kurse der Eisenbahnaktien zwischen 1922 und September 1929 von 189 Indexpunkten auf 446, und die Kurse der Energielieferanten von 82 auf 375. Das machte den nachfolgenden Crash vom Oktober 1929 unvermeidlich. Inflation und Kreditexpansion bewirken immer Fehlanpassungen und Fehlinvestitionen in der Wirtschaft, die später wieder bereinigt werden müssen. Die künstliche monetäre Expansion senkt auch die Zinsen und setzt damit falsche Signale für die Entscheidungen von Unternehmern und Investoren. Sie glauben, die sinkenden Zinsen würden eine wachsendes Angebot an Ersparnissen anzeigen, was im „Normalfall" auch zutrifft – aber eben nicht, wenn die Zinssenkungen künstlich durch Zentralbankpolitik herbeigeführt werden. Der Zins ist dann ja kein vom Markt ermitteltes Signal, welches die tatsächlichen Knappheitsverhältnisse anzeigt, sondern Produkt eines politischen Befehls. Also nehmen die Unternehmer und Investoren neue Projekte in Angriff und bauen bestehende Kapazitäten aus. Der vom „easy money" ausgelöste Boom führt sie in die Irre, weil der vom Boom vorgetäuschte Bedarf in Wirklichkeit gar nicht vorhanden ist – und die vermeintlich vorhandenen überreichlichen Ersparnisse ebenfalls nicht. Bei steigenden Preisen stellt sich irgendwann heraus, dass die Erträge die Kosten nicht mehr decken. Es setzt der die Fehlstrukturen bereinigende Prozess ein. Die Marktkräfte drängen zurück zu den wahren Kapital- und Ressourcen-Kosten, den wirklichen Relationen der Preise untereinander – vor allen Dingen der Preise der Kapitalgüter im Verhältnis zu den Konsumgütern, sowie zu den echten Bedürfnisstrukturen der Konsumenten. Der Absturz beginnt.

Doch wäre die amerikanische Wirtschaft von 1930 nur in eine zwar scharfe, aber kurze Depression gefallen (wie schon 1920/21), die alsbald korrigiert gewesen wäre, wenn die Politik mit ihren hektischen Maßnahmen nicht eine zweite Phase eingeleitet hätte, nämlich die der Großen Depression. Die Hoover-Regierung stemmte sich der Bereinigung mit allen Mitteln entgegen und verbot den Unternehmern, die Preise und Löhne zu senken. Sie griff zum Mittel des *deficit spending* (Staatsausgaben, die mit Neuverschuldung finanziert werden) und forderte die Kommunen auf, mehr Schulden zu machen und damit Kampagnen öffentlicher Arbeiten zu starten. Über den von ihm organisierten Farm Board versuchte Hoover, die Preise von Weizen, Baumwolle und etlicher anderer Agrarprodukte hoch zu halten. Außerdem verhängte er zahlreiche Import-Restriktionen. Das *Smoot-Hawley Tariff*-Gesetz vom Juni 1930 hob die amerikanischen Zölle so stark an, dass es einem Importverbot für alle ausländischen Güter gleichkam. Das war in der Sicht der meisten Wirtschaftshistoriker der Hauptfehler jener Zeit und der Auslöser der schweren Depression. Die Maßnahme blieb nicht ohne Antwort bei den ausländischen Handelspartnern und löste weltweite Zollerhöhungs- und Importquoten-Regelungen aus, einen globalen Protektionismus. Überall in den entwickelten Ländern der Erde stieg die Arbeitslosigkeit in den Exportindustrien dramatisch. Der Aktienmarkt nahm die folgende Depression vorweg. Die Protektionisten dieser Welt haben noch nie verstanden, wie und warum Importrestriktionen und sogenannte „Schutzzölle" (Zollbarrieren zum angeblichen Schutz der heimischen Industrie) nicht nur anderen Ländern schaden, sondern auch der eigenen Wirtschaft – und zwar auch dann, wenn die anderen Länder nicht mit gleicher Münze antworten und ihre Zollschranken nicht erhöhen. Ausländische Unternehmen können, grob gesagt, nur dann Waren importieren, wenn sie die dafür notwendigen Devisen durch eigene Exporte erlangen können. Fallen diese Exporte aus, so schwindet auch die Importmöglichkeit. So sanken denn auch die amerikanischen Exporte (als Spiegelbild der sinkenden Importe) von 5,5 Milliarden Dollar 1929 auf 1,7 Milliarden 1932. Zuvor hatte der US-Agrarsektor über 20 % seines Getreides exportiert, 55 % seiner Baumwollernten und 40 % des Tabaks und vieler anderer Produkte. Als der internationale Handel mit dem Smoot-Hawley Tariff Act unterbrochen wurde, brach die amerikanische Landwirtschaft zusammen und trieb Tausende von Farmern in den Konkurs. Die Depression breitete sich auf den halben Erdball aus.

Die Hauptgläubiger der amerikanischen Farmer waren die ländlichen Banken. Mit dem Kollaps des Agrarsektors schlossen auch diese ihre Tore. Allein in den sieben Monaten zwischen August 1931 und Februar 1932 gaben rund zweitausend Banken mit Einlageverbindlichkeiten von über 1,5 Milliarden Dollar auf (das war damals noch sehr viel Geld). Die übrigen Banken wurden gezwungen, ihre Geschäftstätigkeiten drastisch zu reduzieren, was wiederum schlimme finanzielle Auswirkungen bei Millionen von Kunden hatte. Überall auf der Welt lösten die schweren wirtschaftlichen Probleme und die amerikanischen Rundumschläge einen neuen Nationalismus aus. Österreich und Deutschland z. B. stoppten ihre Auslandszahlungen und froren große englische und amerikanische Kredite ein. Als England schließlich seine Goldzahlungen im September 1931 einstellte, waren auch die USA massiv betroffen. Die Folgewirkungen in den Unternehmens- und Bankbilanzen sowie auf den Wertschriftenmärkten breiteten sich lawinenartig aus. Die Hoover-Regierung aber hatte nichts besseres zu tun, als sich selber von aller Schuld reinzuwaschen und die amerikanischen Geschäftsleute und Spekulanten für das Desaster verantwortlich zu machen. Die Politik verschlimmerte die Situation unaufhörlich mit Serien von Maßnahmen, die sich letztlich alle als schädlich und kontraproduktiv erwiesen. So hatten beispielsweise die Preisfixierungen bei den Agargütern höhere Ernten zur Folge, was die Preise trotz Verboten eher noch weiter nach unten trieb. Die Arbeitslosigkeit stieg unaufhörlich.

„In dieser dunklen Stunde menschlicher Not und Qual", schreibt Hans Sennholz, „holte die Zentralregierung zum finalen Schlag aus. Der *Revenue Act* von 1932 verdoppelte die Einkommensteuer und verursachte damit den schärfsten Anstieg der Steuerlast in der amerikanischen Geschichte." Auch die Körperschaftssteuern, die Immobiliensteuern, Die Automobil- und Telefonsteuern, die Schenkungs- und Scheck-Steuern: Alles wurde drastisch erhöht, sogar die Postgebühren. Als sich die Einzelstaaten und Kommunen ebenfalls mit sinkenden Einnahmen konfrontiert sahen, erhoben auch sie neue Abgaben. Die bestehenden Steuern und Abgaben wurden angehoben und neue zusätzlich eingeführt. Insgesamt brachte das eine glatte Verdoppelung der gesamen fiskalischen Last der Bürger mit sich. „Allein schon dieser Schlag", so Sennholz, „hätte jede Volkswirtschaft in die Knie gezwungen und belegt, wie dumm die weitverbreitete Behauptung ist, die Große Depression sei eine Konsequenz der wirtschaftlichen Freiheit gewesen." Doch sogar mit solchen aberwitzigen Schlägen wäre die amerikanische Wirtschaft alsbald fertig geworden. Der Marktwirtschaft wohnt die wunderbare Fähigkeit inne, fast alle Hindernisse zu überwinden. Mit Preis- und Kostenanpassungen, unternehmerischer Effizienz und Arbeitsproduktivität, neuen Ersparnissen und Investitionen tendiert der Markt dazu, das Gleichgewicht wiederzuerlangen und den Dienst an den Konsumenten wieder aufzunehmen. Er hätte auch die Hoover-Interventionen alsbald überwunden, wären da nicht neue Hineinpfuschereien auf ihn zugekommen. Als nämlich Franklin D. Roosevelt zur Präsidentschaft gelangte, bekämpfte auch er die Wirtschaft mit allen Mitteln.

Anstatt die Hindernisse aus dem Weg zu räumen, die sein Vorgänger errichtet hatte, fügte Roosevelt neue hinzu. Er raubte den Amerikanern ihr privates Gold und wertete danach den Dollar um 40 % ab. Mit dem *National Recovery Act* und der damit errichteten *National Recovery Administration* mischte er sich in die Preisbildung ein, in die Lohnsätze und Arbeitszeiten – bis hin zum Verbot der Jugendarbeit. Es war der naive Versuch, mit verordneten Lohnerhöhungen „mehr Kaufkraft" zu schaffen. Aber die mit den höheren Löhnen und kürzeren Arbeitszeiten steigenden Kosten der Unternehmen wirkten natürlich als Gegenmittel gegen die Erholungsversuche der Wirtschaft. Nach dem Inkrafttreten des Gesetzes stieg die Arbeitslosigkeit nochmals drastisch an. Speziell der Süden des Landes litt schwer unter den Mindestlohn-Vorschriften, durch die eine halbe Million Afro-Amerikaner ihren Job verloren. Auch Roosevelts unsinnige Eingriffe in den Agrarsektor machten alles noch viel schlimmer. Mit dem *First Agricultural Adjustment Act* wurden die bebauten Flächen reduziert und Ernten auf dem Feld zerstört, sowie die Farmer für die Nichtbearbeitung ihrer Felder bezahlt. Um die Irrsinns-Programme finanzieren zu können, wurden die bereits notleidenden Industriebetriebe mit einer neuen Steuer („processing tax") belegt. Die Wirtschaft, die sich zuvor ein wenig erholt hatte, wurde ab Juli 1933 wieder scharf nach unten gerissen.

Als die Planwirtschaftler in der US-Regierung merkten, dass ihre Pläne nichts fruchteten, sondern nur Schaden anrichteten, verschrieben sie einfach höhere Dosen des staatlichen Geldpumpens. In seiner Budgetrede vom Januar 1934 versprach Roosevelt Ausgaben in Höhe von 10 Milliarden Dollar, obwohl seine Einnahmenerwartungen nur 3 Milliarden betrugen. Aber auch das ging schief. Die Ankündigung des Ausgaben- und Verschuldungsprogramms erzeugte eine Panik an den Bondmärkten, was wiederum neue Zweifel am amerikanischen Geld- und Bankwesen aufkommen ließ. 1933 wurden die oberen Einkommensschichten mit noch höheren Steuern belastet, und 1934 wurden die Sätze nochmals angehoben. Die Vermögenssteuern wurden auf das höchste Niveau der gesamten Welt hochgeschraubt. 1935 erfolgten weitere Anhebungen der Vermögen- und Einkommensteuersätze. 1935 und 1936 kam endlich ein wenig Hilfe. Das oberste

Bundesgericht der Vereinigten Staaten erklärte den National Recovery Act und den Agricultural Adjustment Act als verfassungswidrig. Das reduzierte in der Folge die Arbeitskosten und steigerte die Produktivität, weil Anpassungen auf den Arbeitsmärkten wieder zugelassen wurden. Auch verringerte es die Steuerlast des Agrarsektors und stoppte endlich die sinnlose Zerstörung von Ernten. Die Arbeitslosigkeit begann zu sinken. Die Zahl der Arbeitslosen fiel von 12,4 Millionen auf 9,5 Mio 1935 – und auf 7,6 Mio 1936.

Doch war diese vom obersten Bundesgericht ausgelöste Erleichterung nur von kurzer Dauer. Die Planwirtschaftler in Washington wollten vor der anstehenden Wahl ihre Gottgleichheit demonstrieren. Mit dem *National Labor Relations Act* wurde die Gewerkschaftsmacht so gewaltig erweitert, dass den Arbeitgebern fast jede Entscheidungsfreiheit genommen wurde. Die Folgen zeigten sich gleich nach dem Wahljahr 1936. Die Gewerkschaften zwangen Millionen von Arbeitern zur Mitgliedschaft und organisierten Boykotte, Streiks, Firmenbesetzungen und schiere Gewaltaktionen. Die Folgen waren absehbar: Die Arbeitsproduktivität sank und die Löhne wurden nach oben getrieben. Die wirtschaftlichen Kräfte erlahmten erneut und die Arbeitslosigkeit stieg wieder auf über zehn Millionen. Trotz massiver Regulierungen der Aktienmärkte durch die (wiedergewählte) Roosevelt-Regierung fiel die Börse von August 1937 bis März 1938 um fast 50 %. Die Liste der New Deal-Idiotien ließe sich noch lange fortsetzen – mit neuen Eingriffen in die Arbeitsmärkte, mit Mindestlöhnen, Arbeitszeitverkürzungen und Überstundenregelungen, mit Regulierungen bei den Unternehmensgewinnen und Dividenden, usw. usw., doch soll hier ein Halt gesetzt und nur noch erwähnt werden, dass die monetäre Inflationierung durch die Roosevelt-Regierung und ihren willfährigen Arm, das Federal Reserve, zwischen 1934 und 1941 gewaltig war, und dass die Erholung der amerikanischen Wirtschaft aus der Depression im und nach dem Zweiten Weltkrieg keinesfalls dem New Deal zuzurechnen ist, wie das inzwischen zum Dogma geworden ist. Das krasse Gegenteil ist zutreffend.

Man sollte jedoch nicht vergessen, dass all das Geschehen nicht allein den damals Regierenden in die Schuhe zu schieben ist. Die amerikanische Bevölkerung war mit den meisten Maßnahmen durchaus einverstanden, ja begrüßte und forderte sie sogar. Auch war die Saat der ideologischen Verblendung und der planwirtschaftlichen Anmaßung schon zuvor von Wissenschaftlern und akademischen Lehrern ausgestreut worden, die der amerikanischen Tradition des Privateigentums und des privaten Unternehmertums feindlich gesinnt waren. Planwirtschaft und Sozialismus aber – was muss noch alles geschehen, bevor eine hinreichende Zahl von Leuten in maßgeblichen Stellungen es begreift – führen immer und überall und wieder und wieder in den Zusammenbruch und in unsägliches Elend, auch wenn eine so große und mächtige Nation wie die USA sich ihrer Instrumente bedient. Wir werden es heute und morgen wieder erleben.

V.
ZYKLEN

1. Booms and Busts

Jeder Boom endet im Crash. Anders gesagt: Jedem Zusammenbruch geht ein Boom voraus. Deshalb ist nicht nur der Crash von Übel, sondern auch der Boom. Und der Boom findet seine Nahrung im Zuviel an ohne Leistung erzeugtem Geld und im zu billigen Geld (Kredit), genauer gesagt: im falschen Kredit. Was ist ein falscher Kredit? Lassen wir es Professor Hülsmann erklären (in *Smart Investor*): „Die meisten Leute sind in völlig verrückten Vorstellungen gefangen, wonach Banken Ressourcen durch die Vergabe von Krediten schaffen. Kredite schaffen aber keine Ressourcen, Kredite verteilen Kaufkraft um. Es gibt zwei, und nur zwei Quellen für Kredite. Erstens, aus der Ersparnisbildung: Vergangenes Geldeinkommen und damit Kaufkraft wird vom Kreditgeber an den Kreditnehmer übergeben. Zweitens, aus der Geldproduktion: Banken können Kredite … ‚aus dem Nichts' schaffen und weiterreichen. Dieser Vorgang schafft allerdings nur Kaufkraft im nominalen Sinne. Denn aus volkswirtschaftlicher Perspektive ist nicht die Menge des Geldes entscheidend, sondern die reale Gütermenge. Der Bankkredit ‚ex nihilo' macht uns nicht reicher. Er verteilt Ressourcen bloß um. Der Bankkredit ist heute ein Instrument der wirtschaftlichen Verantwortungslosigkeit."

Mit jeder Kreditvergabe einer Bank steigt die Geldmenge. Das bringt Inflationsgefahr, denn die Gütermenge steigt – wenn überhaupt – erst später und in geringerem Umfang. Falls die Kredite in fehlerhafte Investitionen gelenkt werden, steigt die Gütermenge überhaupt nicht – oder es entstehen Güter, die nicht gebraucht werden. Wenn die Kreditmenge durch planwirtschaftlich gedrückte Niedrigzinsen steigt, fließt Geld in falsche, unwirtschaftliche Verwendungen und verhindert Ersparnisse, die in gute Investitionsprojekte geflossen wären. Zinssenkungen, Kreditmengenwachstum, Inflation und Fehlinvestitionen bilden eine verhängnisvolle Spirale, die in Boomphasen (Blasen) mit anschließenden Zusammenbrüchen mündet. Allgemein werden Boomphasen gepriesen. Auch die Mainstream-Ökonomen halten die Expansion für gut und die Kontraktion für schlecht. Für die Ökonomen der Österreichischen Schule hingegen hat der Boom einen schlechten Geruch, weil er die Ursache des auf unnatürliche Weise herbeigeführten Konjunkturzyklus ist und stets in desaströsen Crashs endet. Außerdem hat er – anders als das normale Wachstum einer freien Wirtschaft – viele schädliche Wirkungen auf Körper, Geist und Seele der Menschen. Den Bust (Zusammenbruch) schätzen die Austrians zwar nicht, weil er üble Folgen hat und ohne den künstlich erzeugten Boom erst gar nicht erfolgt wäre, aber sie halten ihn in einem System falscher Geldpolitik, das erst zu Booms and Busts führt, für den notwendigen und letztlich ohnehin unvermeidlichen Gesundungs- und Bereinigungsprozess.

Ein Boom hat die Tendenz, sich selbst zu verstärken. Ein Beispiel dafür: Mit den in der Geldschwemme steigenden Preisen ihrer Wohnhäuser haben die Amerikaner diese nicht mehr als Behausungen gesehen, sondern als „Anlage“ und Reichtumsmaschinen. Die Erstkäufe stiegen, ebenso die Zweit- und Drittkäufe von Wohnimmobilien. Immer mehr US-Bürger zogen in größere Häuser oder bessere Gegenden um. Finanziert wurde das mit steigenden Hypothekenbelastungen. Erst mit Ausbruch der Hypothekenkrise und scharf sinkenden Preisen stellten die Leute fest, dass Häuser keine

„Anlagen" sind, sondern Geldfallen. Kredite ohne Ersparnisse, auch Hypothekenkredite natürlich, sind die Rezeptur für finanzielle Katastrophen. Ehrlichen Kredit kann man nur aus echten Ersparnissen schaffen. Jeder andere Kredit (aus heißer Luft der Banken und Zentralbanken) erzwingt früher oder später „Zwangssparen" entweder beim Kreditnehmer oder beim Kreditgeber oder bei beiden. Und „Zwangssparen" heißt: Hungern statt Schlemmen, unter die Brücke ziehen statt wohnen, krank werden und sterben statt leben, Rad fahren statt Auto, Wandern im Heimatort statt Flug in die Karibik, bei Mama einziehen statt in die eigene Bude. Für das Vorziehen des Konsums zu Lasten der Zukunft haben die Spanier ein schönes Sprichwort: *Pan para hoy y hambre para mañana* (Brot für heute und Hunger für morgen).

Zwar kann es auch in einem freien Markt mit echtem Geld zu ungewöhnlichen Bewertungsbooms kommen, aber nur für kurze Zeit, und der nachfolgende Crash hat begrenzte Auswirkungen und belastet nicht das gesamte Wirtschafts- und Finanzsystem. Die regelmäßig wiederkehrenden Phasen übertriebener Aufschwünge und katastrophaler Zusammenbrüche der Gesamtwirtschaft eines Landes hingegen (der sog. boom-bust-business-cycle) entstehen nicht am Markt, sondern sind ein Kind der Geld- und Zinspolitik der Zentralbanken und des Staates. Man kann in grafischen Darstellungen (Charts) über die letzten 35 Jahre eindeutig den gegenläufigen Verlauf der Kurven von nominaler Sozialproduktentwicklung und realer Fed Funds Rate (US-Zentralbank-Zins) beobachten. Scharf fallende Realzinsen lösen also regelmäßig eine boomende Wirtschaft aus, die anschließend wieder steil nach unten driftet. Die Geldpolitik wurde nach dem Zusammenbruch des Bretton Woods-Systems (Teil-Goldbindung) – also ab 1971 – fast vollständig in den Dienst der Konjunkturpolitik gestellt. Jede konjunkturelle Delle beantwortete man mit einer Ausweitung der Geldmenge (Geld- und Kreditmenge). Heilende Kräfte in Form von Krisen wurden nicht mehr zugelassen, obwohl sie gerade im falschen Geldsystem notwendige Bereinigungen von Übertreibungen sind. Hierdurch wurden auch die spekulativen Übertreibungen, die in jedem Boom stattfinden, immer größer, sowohl was ihre Einzelausschläge betrifft als auch ihr akkumuliertes Gesamtvolumen. Die verhinderten Bereinigungen haben sich nun, in der aktuellen Weltdepression, zu einem Gebirge aufgetürmt, dessen Einsturz das gesamte planwirtschaftliche Pumpsystem unter sich begräbt.

Weil das fiat money-System irrwitzig ist, kann eben auch die in diesem System betriebene Geldpolitik nur irrwitzig sein. Der US-Ökonom Bill Bonner hat den Nagel auf den Kopf getroffen mit seinem Satz: „Das Ausmaß einer Depression entspricht den staatlichen Anstrengungen, sie zu vermeiden.“ Im Zusammenwirken von betrügerischem Kreditsystem (beim Kredit, der nicht durch reale Ersparnisse gedeckt ist, der also nicht von vergabebereiten Ausleihern kommt, sondern von Zentralbanken über künstlich gesenkte Zinsen, handelt es sich um Betrug) und betrügerischem Deficit spending (Ausgeben von Schuldengeld, das andere Leute verzinsen und tilgen müssen), ist den Bürgern im letzten halben Jahrhundert eine Welt vorgegaukelt worden, die es nicht geben kann. Eine Welt, in welcher der schuldenfinanzierte Konsum die Leute angeblich reicher macht. Jedesmal, wenn die Wirtschaft langsamer lief, veranlassten die politischen Zampanos die Leute, mehr von dem zu kaufen, was sie nicht brauchten – mit Geld, das sie nicht hatten. Aber jeder geborgte Dollar oder Euro muss eines Tages auf die eine oder andere unangenehme Weise zurückgezahlt werden. Und jedes Hinaufschweben auf Luftschlösser erweist sich irgendwann als Abstieg in die Hölle.

Im Großen einer Volkswirtschaft spielt sich dabei dasselbe ab, wie man es im Kleinen bei der Abwrackprämie für alte Autos beobachten konnte. Die Stimulierungen können die tatsächlich gegebene Nachfrage nicht vergrößern, sondern nur zum Schaden der Zukunft vorziehen. Der Staat kann die Nachfrage des Privatsektors nicht erhöhen; eine höhere reale Nachfrage würde höhere Reallöhne erfordern – und die entstehen bestimmt nicht durch das Anwerfen der Gelddruckmaschinen. So wie bei den Autos der Konsum mit den staatlichen Prämien nur schuldenfinanziert vorverlagert (und noch brauchbares Kapital vernichtet) wurde, so hat man die Amerikaner (und auch die Europäer) jahrzehntelang dazu verleitet, ihren Konsum vorzuverlagern. Doch irgendwann ist das Spiel zu Ende, und sie werden nun jahrzehntelang ihre künftigen Einnahmen dazu verwenden müssen, die Schulden abzutragen. Neben den astronomischen Schulden des Staates werden die Leute auch die Kosten ihres eigenen Schuldenrausches begleichen müssen. Im Jahr 1962 hatten die amerikanischen Haushalte 37 % weniger Schulden als Einkommen; im Jahr 2009 haben sie 39 % mehr Schulden als Einkommen. Die Schulden des Privatsektors machen 174 % des Sozialproduktes (Bruttoinlandsprodukt, BIP) aus. Das Normale, nämlich innerhalb seiner Möglichkeiten zu leben, Geld zu sparen und Wünsche zu vertagen, bis man das Geld dazu hat, wurde zum Abnormalen erklärt – und das Abnormale, den Konsumrausch mit immer mehr und noch mehr Schulden zu finanzieren, wurde als wünschenswerter Normalfall vorgestellt, auch von den Ökonomen. Es wurden sogar Gesetze verabschiedet, mit welchen die Hypothekenbanken (vor allem FannieMae und FreddieMac) gezwungen wurden, Schuldnern ohne Prüfung ihrer Einkommensverhältnisse Kredite einzuräumen. Ein verantwortungsloses Spiel, das tragisch enden wird, weil – wie gesagt – jedem Boom der Bust folgt, und dem ganz großen jahrzehntelang betriebenen Boom irgendwann der ganz große Zusammenbruch und die Jahrzehnte währende Armut.

2. Die Rolle des Zinses

Im Marktzins sind drei Komponenten gebündelt: 1) der „reine Zinssatz“ (pure rate), 2) ein Kompensationsanteil für die Geldentwertungsrate (Kreditgeber fordern und Sparer erstreben einen höheren Zins, wenn sie für die Zukunft eine ins Gewicht fallende Entwertung des Geldes erwarten); und 3) eine Risikoprämie je nach bekannter oder geschätzter Bonität des Schuldners. Der „reine Satz“ ist die wichtigste Komponente. Sie spiegelt die Zeitpräferenzen der am Marktgeschehen beteiligten Leute. Wer spart – und somit auf sofortigen Konsum verzichtet, die Befriedigung seiner Wünsche und Bedürfnisse also auf die Zukunft verschiebt, der erwartet eine Belohnung dafür, ein Entgelt, das von demjenigen zu zahlen ist, der nicht warten sondern sofort konsumieren will, obwohl er das dafür notwendige Geld noch nicht hat. Die sog. Präferenzskala eines jeden Individuums, deren Gestalt der betreffenden Person mehr oder weniger bewusst ist und die bei einigen Positionen klar sein kann, bei anderen nur sehr vage und unscharf, spiegelt sowohl die aktuelle Dringlichkeit der Bedürfnisse und Wünsche der betreffenden Person als auch ihre Überlegungen und Erwartungen für die nähere und fernere Zukunft, ihre kurz- und längerfristigen Zielsetzungen, ihre Erwartungen hinsichtlich künftiger Einnahmen und Ausgaben und die Entwicklung der Preise – heute, morgen, in einem Jahr, im Alter usw. – sowie den Grad der Gewissheit oder Ungewissheit all dieser Komponenten wider. Hierbei spielt nicht nur die finanzielle, berufliche und familiäre Situation eine Rolle, sondern auch der Charakter der betreffenden Person, ihr Alter, ihre Herkunft und Erziehung, ihre Religion, ihr Geschlecht, ihr Gesundheitszustand, ihr Wohnort und Wohnland, und vieles andere mehr.

Es gibt beispielsweise Menschen, die mehr gegenwartsbezogen, leichtsinniger und kosumfreudiger sind als andere, die sich mehr um ihre Zukunft und die Perspektiven ihrer Kinder sorgen, usw. Im Extrem gibt es Leute, die „alles verjuxen" und Übervorsichtige oder Geizkrägen, die jeden Cent zweimal umdrehen und sich gar nichts gönnen – oder Optimisten, welche die Zukunft rosig sehen, und Pessimisten, für welche die Zukunft nur Schrecken und böse Überraschungen zu bringen droht. Auch gibt es tüchtigere Zeitgenossen, die der eigenen Schaffens- und Ideenkraft mehr vertrauen als andere, und weniger tüchtige, die sich nicht zutrauen, absehbare oder unabsehbare Risiken und Schwierigkeiten zu meistern. Die Aufzählung dessen, was auf die Präferenzskala einer Person Einfluss hat, ließe sich fast beliebig fortsetzen. Weil aber die Zeit die maßgebliche und alles entscheidende Rolle bei den genannten Haltungen und Erwartungen spielt, die Grundfrage also: In welchem Ausmaß schätze ich die Gegenwart bzw. den Gegenwartskonsum höher oder niedriger als die Zukunft bzw. den künftigen Konsum, reden die Ökonomen vorwiegend von der sogenannten „Zeitpräferenz".

Die (Zeit-)Präferenzen eines jeden Individuums können niemals in absoluten Zahlen gemessen, sondern allenfalls in eine gewisse Rangfolge (Präferenzskala) gebracht werden: Was ist dem Einzelnen – jetzt oder für später – wichtiger als etwas anderes, was gibt er zugunsten von etwas anderem leichter oder schwerer auf, welche Veränderungen seiner eigenen Wünsche und Bedürfnisse oder der Wünsche und Bedürfnisse seiner ihm nahestehenden Mitmenschen erwartet er im Zeitablauf usw. Die Positionen auf einer individuellen Präferenzskala lassen sich also – soweit überhaupt möglich – nur in Relationen ausdrücken, in einen relativen Rang zueinander bringen – und zwar hauptsächlich unter Berücksichtigung des Faktors Zeit. Weil die Zeitpräferenzen also niemals in irgendeiner Maßeinheit gemessen werden können, lassen sie sich schon gar nicht interpersonell vergleichen oder gar addieren. Individuelle Präferenzen auf der Zeitachse – und noch mehr die Präferenzskalen aller Leute – entziehen sich jeder Möglichkeit einer mathematischen Darstellung oder Aggregierbarkeit. Man kann nur allgemein formulieren, eine Person habe eine höhere Zeitpräferenz als eine andere, das heißt, sie schätzt das Heute, den Gegenwartskonsum im Vergleich zum Zukunftskonsum, höher ein als eine andere Person. Je höher die Zeitpräferenz, desto mehr wird der gegenwärtige oder kurzfristige Konsum dem künftigen oder langfristigen Konsum vorgezogen.

Weil nun aber der allgemeine Zustand der Wirtschaft, die politische Lage in einem Land, der Zustand der Eigentums- und Rechtssicherheit unter einer bestimmten Regierung, die Entwicklung der Preise und der Kaufkraft des Geldes, sowie die Höhe des herrschenden Zinssatzes einen wesentlichen Einfluss auf die Zeitpräferenz einer jeden Person haben – und somit auf die Zeitpräferenz aller Leute, können bestimmte Ereignisse oder Entwicklungen die Zeitpräferenz bei ganzen Bevölkerungsgruppen oder gar bei der Gesamtbevölkerung eines Landes verändern. Ein niedriger Zinssatz z. B. erhöht ganz generell die Verschuldungsbereitschaft vieler oder gar der meisten Menschen, und er verringert die Sparneigung vieler oder der meisten oder aller Leute. Das heißt, ein niedriger Zinssatz erhöht die Zeitpräferenz einer Bevölkerung (im Vergleich zu einem höheren oder hohen Zinssatz), steigert ihre Bereitschaft zum Gegenwartskonsum im Verhältnis zum Zukunftskonsum. Und weil ein beabsichtigter höherer Zukunftskonsum (eine niedrigere Zeitpräferenz) die Spar- und Investitionsneigung und die Spar- und Investitionsrate eines Landes erhöhen – und umgekehrt, bedeutet eine allgemein höhere Zeitpräferenz, dass sich das Wachstums- und Wohlstandspotenzial des betreffenden Landes verringert oder gar ins Negative kehrt. Ein gegenüber dem Marktzins (dem Zins, der sich bei freien Märkten ohne Staats- oder Zentralbankeinfluss ergeben würde) zu niedrig gesetzter, heruntermanipulierter Zinssatz kann zwar kurzfristige Booms auslösen (Konsum- und Verschuldungsrausch), aber auf längere Sicht ein Volk verarmen lassen, weil es zu viel Schulden macht, zu wenig spart und somit auch zu wenig echtes Kapital bildet.

Auf freien Märkten spiegeln sich die Präferenzen bezüglich der zeitlichen Aufteilung des Konsums – sowie die Reaktion der Sparer, Investoren und Produzenten hierauf – in den Zinssätzen. Und wo sich der jeweils richtige Zinssatz, der sogenannte „natürliche Zins" dann einpendelt, kann nur der Markt herausfinden, niemand sonst, auch kein noch so kluger Mensch und kein noch so geschultes Gremium, natürlich auch kein Zentralbankrat. (Das wissen die Zentralbanker auch, sonst würden sie keine Zinspolitik betreiben.) Aber es geht den Zinsklempnern auch gar nicht darum, dem natürlichen Zins möglichst nahezukommen. Sie wollen die Zinssätze vielmehr künstlich festlegen, um sie damit in den Dienst ihrer politischen Ziele stellen zu können. Auch das kann niemals gutgehen. Bill Bonner hat es in einem Interview mit der *Süddeutschen Zeitung* auf den Punkt gebracht mit dem Satz: „Wir wissen, dass Preiskontrollen nicht funktionieren, und dennoch erlauben wir Zentralbanken, den allerwichtigsten Preis in der Wirtschaft zu manipulieren: den Preis des Geldes."

Falsche, künstlich manipulierte Zinssätze setzen falsche Signale für Produzenten und Konsumenten. Sie verursachen Fehlinvestitionen (s. nächstes Kapitel), Fehlentscheidungen und Fehlanpassungen, und sie erzeugen überschießende Kreditnachfrage. Somit ist es auch kein Wunder, dass nach mehr als einem Jahrzehnt künstlich niedergeknüppelter Zinsen in den USA die Schulden der Privaten, der Unternehmen und des Staates in Billionensphären getrieben wurden. Kreditexpansionen dieser Art, die nicht durch echte Ersparnisse und originäre Kapitalbildung unterlegt sind, erzeugen illusionäre Gewinne und aufgeblähte Vermögenspreise. Die Leute glauben, sie seien reicher als sie in Wirklichkeit sind, weil die Aktien und Immobilienpreise permanent steigen, oft auch die Löhne und die Einkommen der Finanzmanager. Die Leute kaufen sich Wohnungen und Häuser, welche die wahre Leistungskraft ihrer Einkommen bei weitem übersteigen und leisten sich Luxusgüter, Reisen, Autos und Wohngegenden, deren Kosten sie auf Dauer nicht tragen können. In Wirklichkeit und im Hintergrund des Geschehens findet Substanzverzehr statt, der irgendwann im Bankrott enden muss. Man bedenke, dass der jeweils herrschende Zinssatz nicht nur dann sinkt, wenn die Geldpolitik ihn absichtlich herunterschleust, sondern dass er auch eine sinkende Tendenz durch die schiere Tatsache hat, dass Zentralbank und Fractional Reserve Banking die Geldmenge (das Geldangebot) beliebig vermehren können. Die fast beliebige Steigerbarkeit des Angebotes eines Gutes bewirkt, dass sein Preis tendenziell gegen Null strebt. Das gilt auch dann, wenn das Gut *Kredit* heißt.

Was alles noch schlimmer gemacht hat, ist die Tatsache, dass die Zinssätze nicht nur nominell niedrig gesetzt wurden, sondern dass sie über mindestens ein Jahrzehnt sogar real negativ waren. Der echte oder reale Zins kann auch bei hohen Nominalzinsen negativ sein. Entscheidend ist ja nicht der nominelle Zins, der die Preisinflation vernachlässigt, sondern der tatsächliche, reale Zins, der sich ergibt, wenn man ihn um die herrschende Preisinflation bereinigt. Beträgt die (tatsächliche, nicht offiziell geschönte) Teuerung z. B. zehn Prozent

– und der vorherrschende Zinssatz steht bei vier Prozent, dann beläuft sich der Realzins auf minus sechs Prozent. Das heißt, wer sich Geld leiht, zahlt nicht nur nichts, sondern hat am Jahresende sogar einen Gewinn gemacht, weil seine Schuldenlast via Kaufkraftverlust der Währung um 6 % abgenommen hat (Minus 10 % plus 4 % gezahlter Zins). Verschuldung ist zum Geschäft geworden. Das Ergebnis, nämlich die gigantischste Verschuldungskrise der Weltgeschichte, konnte und kann nicht ausbleiben. Und die Bombeneinschläge in den Bank- und Unternehmensbilanzen, bei den Hypothekenschuldnern und -gläubigern auch nicht. Und das Wuchern der Finanzindustrie zu einer alle anderen Industriebereiche weit in den Schatten stellenden Eiterbeule ebenfalls nicht.

Wie wenig die Mainstream-Ökonomen von der Bedeutung des Zinses verstehen, kann man bei einem Star der Zunft beobachten, beim Harvard-Professor und Ex-Berater des früheren Präsidenten George Bush namens Greg Mankiv. In einem Artikel in der *New York Times* vom April 2009 forderte er die Fed auf, für künftige Inflation zu sorgen, um die Wirtschaft zu stabilisieren. Für ihn und die meisten seiner Kollegen sind Rezessionen fast ausschließlich das Ergebnis mangelnder Nachfrage nach Gütern und Diensten. Und diesen Mangel, meinen sie, kann die Fed beheben, indem sie den Zinssatz senkt. Niedrige Zinsen veranlassen dann die Haushalte, mehr zu borgen und auszugeben. Die Promi-Riegen der akademischen Wirtschaftsklempner (aber auch die meisten ihrer weniger illustren Kollegen) sehen die Funktion des Zinses fast ausschließlich in seiner Eigenschaft als Konsumanreger. Seine unverzichtbare Bedeutung als Signal und Entscheidungshilfe für Investoren und Produzenten, sowie seine Funktion als Koordinator, der die Konsumpräferenzen in einer Volkswirtschaft auf der Zeitachse (Nachfragestruktur) mit der Kapital- und Produktionsstruktur zur Übereinstimmung bringt, wird fast vollständig ausgeblendet. Genau diese Funktion aber steht bei den analytischen Betrachtungen der Ökonomen der Österreichischen Schule im Vordergrund (s. nächstes Kapitel). Und genau deshalb konnten diese Denker – als einzige unter den professionellen Ökonomen des weiten Erdenrundes – die derzeitige Weltdepression präzise vorhersagen (obwohl die Austrians mit Prognosen äusserst vorsichtig umgehen und jeder Art von Vorhersage misstrauen). Einer der großen Väter der Österreichischen Schule der Nationalökonomie, Ludwig von Mises, hatte auch mitten im Boom der 1920er Jahre vor der kommenden Großen Depression gewarnt – als einsamer Mahner unter den Ökonomen weltweit.

Genau besehen, ist der Zins der wichtigste aller ökonomischen Indikatoren. Denn die Lebenszeit ist die kostbarste Ressource des Menschen, und das bedeutendste ökonomische Phänomen im menschlichen Leben ist die Knappheit. Der echte Marktzins nun stellt den entscheidenden Verbindungsfaktor zwischen Lebenszeit und Knappheit dar. Er beeinflusst unsere Zeitpräferenz, unsere Entscheidungen, ob, wann, wieviel, wie und wofür wir sparen oder konsumieren, ob und wie hoch wir uns verschulden. Und er beeinflusst wesentlich die Entscheidungen der Unternehmen, wo, in was, wann und wieviel sie investieren – was wiederum gravierende Auswirkungen auf unser Arbeitsleben, auf die Löhne, die Art und Preise der Güter hat. Es ist ein dramatischer Eingriff ins Leben der Menschen, wenn diese Sätze politisch und geldpolitisch manipuliert werden. Mit ihnen zu spielen und sie als politische Werkzeuge einzusetzen, ja damit Inflationen zu erzeugen und Währungszerfall, sowie Booms and Busts und verheerende Krisen heraufzubeschwören, ist ein Verbrechen am Menschen und an der Menschheit. Zinsmanipulation ist ein zerstörerischer Krieg gegen die eigene Bevölkerung.

3. Österreichische Zyklustheorie

Die Konjunkturtheorie der Österreichischen Schule, im englischsprachigen Raum *Austrian Business Cycle Theory* genannt, unterscheidet sich wesentlich von allen anderen diesbezüglichen Theorien in der Nationalökonomie. Die meisten anderen Modelle versuchen, mit vorwiegend mathematischen Methoden die quantitativen Veränderungen bestimmter Aggregatgrößen – wie die des Preisniveaus, des nationalen Beschäftigungsstandes oder der gesamtwirtschaftlichen Kapazitätsauslastung etc. – zu erfassen und vorherzusagen. Booms werden als Folgen „externer Schocks" gesehen, wie bspw. technische Neuerungen. Das Geld spielt so gut wie keine Rolle – und wenn, dann nur als gegebene Aggregatgröße. Mikroökonomische und makroökonomische Vorgänge miteinander in Verbindung zu bringen, wird dabei gar nicht erst versucht. Die Methode und der Blickwinkel der Austrians sind völlig anderer Natur. Die Grundlage der österreichischen Zyklentheorie hat Ludwig von Mises geschaffen, basierend auch auf vorangegangenen Erkenntnissen von Carl Menger (Geldtheorie) und Eugen von Böhm-Bawerk (Kapital- und Zinstheorie). Ausgebaut wurde sie danach hauptsächlich von Friedrich A. von Hayek, sowie wiederum von Mises selbst.

Ludwig von Mises war in der zweiten Auflage (1924) seines Buches ‚Theorie des Geldes und der Umlaufsmittel' die hohe intellektuelle Leistung gelungen, Geldtheorie und Mikrotheorie zu integrieren, das heißt, die Geldtheorie auf den individualistischen Bausteinen der allgemeinen ökonomischen Analyse aufzubauen. Die meisten Theorien anderer Ökonomen über die Wirkungen der Geldvermehrung beschränken sich auf die Effekte des Geldangebotes auf die Nachfrage, die Beschäftigung und das Wachstum in einer Volkswirtschaft. Die von Mises und Hayek entwickelte Österreichische Theorie jedoch richtet ihr Augenmerk auf die Art und Weise, wie das Geld in die Wirtschaft eintritt und wie das die relativen Preise der Güter und Dienste beeinflusst – sowie die Investitionen in verschiedenen Sektoren und Stadien. Was bei anderen Ökonomen einfach als *Kapital* bezeichnet wird, wurde von Hayek in seine Strukturen zerlegt. Kapitalgüter sind ja sehr verschiedenartig, da sie in ganz unterschiedlichen Produktionsprozessen und in verschiedenen Abschnitten der jeweiligen Produktionsprozesse eingesetzt werden. Mit fortschreitender Produktion werden die Kapitalgüter immer spezifischer auf die einzelnen Produktionsstufen ausgerichtet. Es gibt wechselseitige Beziehungen zwischen der Veränderung der Kapitalstruktur einer Volkswirtschaft und den Veränderungen der Gesamtproduktion und der Beschäftigung. Weil das Produzieren Zeit erfordert, müssen knappe Produktionsfaktoren (Arbeit, Rohstoffe, Maschinen etc.) bereits zu Zeitpunkten eingesetzt werden, bei denen man noch gar nicht weiß, wie die Nachfrage nach dem irgendwann fertigen Endprodukt sein wird und welchen Preis dann die Käufer zu zahlen bereit sein werden. Das Hauptproblem in einer modernen Volkswirtschaft ist deshalb die zeitliche Koordination zwischen Produktion und Konsum – genauer: Die Lösung der Frage: „Wie kann der unterschiedliche Einsatz ökonomischer Ressourcen in der Konsumgüterproduktion und in der Kapitalgüterproduktion in Einklang gebracht werden mit den Präferenzmustern und Zeitpräferenzen der Konsumenten für unzählige verschiedene Güter und Leistungen?"

Diese ungeheuer komplexen Abläufe auf der Zeitachse lassen ahnen, wie entscheidend die Faktoren Zins, Geld und Kredit bei diesen Koordinationsprozessen sind. Zinsen und Preise übernehmen hierbei die wichtigsten Signalfunktionen für die Entscheidungen aller Beteiligten. (Künstlich) verfälschte Zinsen oder inflationär aufgeblähte Geld- und Kreditmengen lenken alle in falsche Richtungen: Die Sparer und die Investoren, die Produzenten und die Konsumenten. Die Verzerrung der intertemporalen Struktur der Produktion spielt bei solchen Fehlentwicklungen die größte Rolle. Die künstliche Senkung der Zinsrate durch die Geldpolitik und die damit ausgelöste Kreditexpansion lenkt Ressourcen in kapitalintensivere Prozesse und in neue Produktionsprojekte. Damit werden die Produktionsperioden verlängert. Wegen des verfälschten Zinssignals stimmen diese Produktionsstrukturen nicht mit den wahren Zeitpräferenzen der Konsumenten überein und stellen sich irgendwann als Fehlinvestitionen heraus. Der vom zusätzlichen Geld ausgelöste Boom kann keinen dauerhaften Bestand haben. Irgendwann werden die Marktteilnehmer feststellen, dass keineswegs so viele Ersparnisse bereitstehen wie die niedrigen Zinsen signalisiert haben. Die Fehlinvestitionen müssen liquidiert werden – und der Boom endet im Bust, im Niedergang und Zusammenbruch.

Wichtig ist die Feststellung, dass die Austrians nichts von den üblichen Theorien halten, bei denen die Zyklen (starke Auf- und Abwärtsbewegungen) als „naturgegeben" aufgefasst werden, also so, als seien sie der Marktwirtschaft oder dem Kapitalismus „immanent". Dass Konjunkturzyklen mit einer gewissen Regelmäßigkeit „aus dem System heraus" auftreten, halten sie für einen Aberglauben. So auch vielfach die sogenannten Kontradieff-Zyklen. Der österreichische Ökonom Rahim Taghizadegan schreibt trefflich vom „Kontradieff-Mythos". Große zyklische Bewegungen in der Welt der Wirtschaft und Finanzen sind für die Austrians immer von Regierungen und ihren Zentralbanken ausgelöst. Der Boom wird durch geldpolitische und fiskalische Maßnahmen induziert, und bei den nachfolgenden Abwärtsspiralen oder Crashs handelt es sich um Bereinigungskrisen, mit denen die Marktkräfte die Folgen und Verwerfungen eben jener falschen politischen und/oder fiskalischen Maßnahmen wieder beseitigen wollen. Die jeweilige Krise, Rezession oder Depression, wird nur verlängert und verschlimmert, wenn die planwirtschaftlich agierende Notenbank sie mit denselben Mitteln bekämpfen will, mit denen sie das Desaster herbeigeführt hat, nämlich mit noch niedrigeren Zinsen und einem noch größeren Angebot von Geld und Kredit. Damit wird die Korrektur von Disproportionen in der Produktionsstruktur verhindert und weitere, noch größere Ungleichgewichte hinzugefügt. Kurzfristig kann damit eine Depression verhindert werden, aber um den hohen Preis einer später noch wesentlich tieferen und/oder längeren Depression.

Es ist völlig abwegig, die Booms and Busts dem Kapitalismus und seinen „Machern" zuzuschreiben, den Unternehmern und Banken, den Spekulanten und gierigen Anlegern. Natürlich kommt es regelmäßig – und in der jetzigen Krise besonders massiv – zu Fehlverhalten dieser Leute, zu Leichtsinn, Betrug, Maßlosigkeit, mangelnder Vorsicht usw., aber nicht alle Leute werden plötzlich ohne Grund verrückt; dahinter stecken stets Fehlsignale und falsche Anreize, die der Politik und ihren geldpolitischen Institutionen entstammen. Besonders die Manipulation des Zinssatzes stellt sich immer wieder als Übeltäter heraus. Wie bei allen Gütern, so bestimmen Angebot und Nachfrage auch beim Borgen und Verleihen von Geld den Preis (hier Zins genannt). Wenn die Leute mehr sparen, so steigt das Angebot an Leihkapital und sinken die Zinssätze. Unternehmen reagieren darauf, indem sie in den Aufbau und Ausbau von Produktionskapazitäten für zukünftige Güter investieren. Damit sinken die Kapazitäten für Gegenwartsgüter, nicht unbedingt in absoluten Messzahlen, aber auf jeden Fall in Relation zu den vermehrten Kapazitäten für Zukunftsgüter (inklusive der Kapitalgüterproduktion, die der späteren Herstellung von künftigen Konsumgütern dienen sollen). Das Mehr-Sparen mit der Folge sinkender Zinssätze weist auf Seiten der Sparer auf ein geringeres Bedürfnis an Gegenwartskonsum hin. Hätten die Leute umgekehrt einen hohen Bedarf an Gegenwartsgütern, so würden sie weniger sparen und es damit für Unternehmen teurer machen, in langfristige Projekte zu investieren.

Auf diese Weise koordiniert der Zinssatz die Produktion über die Zeitachse hinweg und bringt die verschiedenen Marktkräfte in Harmonie zueinander. Aber der Zinssatz kann diese überaus wichtige Funktion nur erfüllen, wenn er sich frei bewegen und frei auf die Veränderungen von Angebot und Nachfrage reagieren kann. Wird der Zinssatz jedoch politisch manipuliert, so entstehen massive Fehlanreize und Diskoordinationen. Insbesondere gilt das für den Fall, dass die Zentralbank den Leitzins unter dem natürlichen Zins festsetzt. Unternehmen beginnen zu expandieren als hätten die Konsumenten ihre Ersparnisse vermehrt, während sie in Wirklichkeit ihre Sparleistung wegen der niedrigen Zinsen verringert haben. Firmen, die dauerhafte Güter produzieren – wie Möbel, Autos und Häuser – sehen sich mit einem boomenden Markt konfrontiert, weil diese Sektoren besonders positiv auf niedrige Zinsen reagieren. Andere Branchen wiederum müssen nicht schrumpfen, weil sie sich mit billigen Krediten länger über Wasser halten können als es beim natürlichen Zins möglich wäre. Dieser Boom kann aber nicht dauerhaft sein, obwohl die illusionären Vorgänge einige Jahre lang ablaufen können, weil die moderne Wirtschaft so komplex ist. Im Hintergrund läuft jedoch permanent eine verdeckte Kapitalvernichtung.

Friedrich A. von Hayek spricht in diesem Zusammenhang von der „Perversen Angebotselastizität des Kreditsystems" als Krisenursache (s. Starbatty). Was ist damit gemeint? Wenn der Zinssatz das Sparen und das Investieren ins Gleichgewicht bringen soll, muss er bei höherer Investitionstätigkeit steigen, damit zusätzliches Sparen angeregt wird und problematische Investitionsprojekte aufgegeben werden. Befriedigt aber das Bankensystem die zusätzliche Nachfrage nach Krediten, ohne den Zins anzuheben (was durch reichliches Liquiditätspumpen der Zentralbank möglich wird), so schlagen die Investoren Produktionsumwege ein, die zu lang und nicht rentabel sind. Die Aktienmärkte haussieren und die Grundstücks- und Immobilienpreise steigen. Sobald die Inflationsgefahr zu groß wird und die Zentralbank die Zinsen erhöht, oder wenn die gestiegenen Risiken zu verminderten Bankausleihungen führen, wird eine Krise ausgelöst. Die Fehlinvestitionen scheitern und es kommt zu Zusammenbrüchen von Unternehmen und Banken. Je später die Blasen platzen, weil die Politik mit neuem Geld und neuer Liquidität gegensteuert, desto steiler wird der Absturz.

Man beachte, dass es sich bei der Austrian Business Cycle-Theorie nicht um eine Überinvestitionstheorie handelt, sondern um eine Theorie der Fehl- oder Falschinvestitionen. Freie, nicht-manipulierte Märkte sind „gnadenlos effizient“ (Art Carden), was u. a. bedeutet, dass Unternehmer keine Investitionspläne mit Risikomerkmalen angehen, die nicht im Einklang mit den Präferenzen der Sparer und Konsumenten stehen. Im Marktgleichgewicht werden alle profitablen Gelegenheiten wahrgenommen und kein potenziell gewinnträchtiges Projekt bleibt unausgeführt. Eine der übelsten Folgen der Kreditexpansion ist es, dass viele Projekte, die vorher unausgeführt geblieben wären, nun in Angriff genommen werden, weil die künstlich gesenkten Zinssätze den Kapitalmärkten falsche Signale senden. Die Fehlentwicklungen werden noch verstärkt durch die Tatsache, dass die Sparer bei Niedrigzinsen ihre Anlagegelder vermehrt aus dem Kapitalmarkt zurückziehen. Das bewirkt, dass Investitionen, die vorher profitabel waren, nun ebenfalls zu verlustträchtigen Fehlinvestitionen werden und revidiert werden müssen, oft durch Konkurs oder Produktionsstillegungen mit großen Entlassungswellen. Anzumerken wäre noch, wie an anderer Stelle bereits geschehen, dass geldpolitisch manipulierte Zinssätze viel niedriger sein können (ja sogar stark negativ) als sie den Anschein erwecken, nämlich dann, wenn die herrschende Preisinflation den Realzins weit unter den Nominalzins (Bankzinsrate) sinken lässt. Das Dumme am Realzins ist ja, dass man ihn nicht sehen kann. (Sondern allenfalls berechnen, was jedoch bei den massiv geschönten offiziellen Inflationszahlen selbst Fachleuten immer schwerer fällt. Der Markt jedoch mit seinen feinen Fühlern reagiert auf Fakten, auch wenn sie verborgen sind. Also reagiert er früher oder später auch auf den echten „realen" Zins, der bei herrschender Inflation wesentlich tiefer liegt als ein noch so niedriger Nominalzins vermuten lässt).

Die Mainstream-Ökonomen und besonders die Keynesianer mit ihrer Fokussierung auf „die mangelnde Nachfrage" negieren all diese Zusammenhänge oder wollen sie nicht sehen. Deshalb interpretieren sie auch bis zum heutigen Tag die Ursachen der Großen Depression der 1930er Jahre völlig falsch (was wiederum zu falschen Empfehlungen an die Politik in der aktuellen Weltkrise führt). Seit 70 Jahren verbreiten die meisten Ökonomen die irrige Meinung, die Reaktion des Fed auf den Krisenausbruch ab 1929 sei falsch oder zu lasch gewesen. Sie übersehen damit, dass es auf die Politik des Federal Reserve Systems VOR der Krise ankommt. Gary North hat richtigerweise darauf hingewiesen, dass die relativ stabilen Preise in den Jahren von 1926 bis 1929 nicht bedeuten, dass in dieser Zeit kein Boom stattgefunden hätte. Auch bei nicht-steigenden Preisen können Kreditschübe im Fractional Reserve Banken- und Zentralbanken-System bewirken, dass Fehlinvestitionen von Kapital erfolgen und eine Art „verborgenen Boom“ erzeugen. So lag denn Ludwig von Mises völlig richtig (und hat als einziger Ökonom der damaligen Zeit den Crash vorhergesehen) mit seiner Diagnose, dass die Ursache der Großen Depression der 30er Jahre die Geldpolitik des Fed war – und zwar nicht nachdem die Depression begonnen hatte, sondern vorher. Depression ist in einer Marktwirtschaft die Reaktion auf vorangegangene Sünden, bedeutet also Rückanpassung der Güterpreise an die tatsächlichen Konsumenten-Präferenzen zwischen Gegenwarts- und Zukunftsgütern. Deshalb führt genau besehen nicht die Depression als Sekundärphänomen zur Verarmung der Menschen, sondern der Boom als Primärursache. Ohne den Boom und die zwangläufig folgende Korrektur durch Rezession oder Depression wären die Leute nicht ärmer geworden. Nicht der freie Markt mit seinen Korrekturkräften ist die originäre Ursache der wirtschaftlichen Kontraktion, sondern das vom Staat direkt oder indirekt betriebene fiat money- und Zentralbankwesen, das überhaupt erst ungesunde und unhaltbare Übertreibungen erzeugt. Der von der Geld- und Fiskalpolitik angeheizte Boom und die damit erzeugte Inflation sind Quelle und Voraussetzung der späteren Zusammenbrüche. Und Crash, Deflation und Krise bilden die unvermeidliche und schmerzhafte – aber heilsame Kur, mit welcher die strukturellen Verwerfungen des Booms beseitigt werden.

Deshalb sind sich die Ökonomen der Österreichischen Schule auch einig darin, dass die Wurzel der schweren Erkrankungen, das fiat money mit seinem Zentralbanken-System, bekämpft werden sollte – und nicht die Symptome der Rekonvaleszenz. Schon als der Bernanke-Vorgänger Alan Greenspan den Leitzins in einer beispiellosen Abwärtskaskade gegen Null fuhr und damit die Konsumquote in den USA auf einen ebenso aberwitzigen Rekord von 70 % lenkte wie die Sparquote auf einen historischen Minusrekord von nahe

Null, hat der brillante Austrian Hans F. Sennholz (2003) geschrieben: „Sinkende Preise erfordern keine gegensteuernde Zentralbankmanöver. Ein gegebener Geldstock – ob groß oder klein – ist immer hinreichend für die laufenden Tauschprozesse. Die Vorstellung, dass ein wachsendes Geldvolumen wirtschaftlich und gesellschaftlich wohltätig und wünschenswert wäre, ist einer der größten Irrtümer unserer Zeit. Dieser Irrtum hält sich seit Jahrhunderten. Er hat zahllose Währungen ruiniert, unbeschreibliches Leid über die Völker gebracht und gesellschaftliche und politische Umbrüche erzeugt. Und doch wird der Irrsinn immer weiter betrieben."

VI.
ÖKONOMEN

1. Geld-Spinner

Der Forscher und Autor Ira Katz hat einmal geschrieben, die Volkswirtschaftslehre, die gelegentlich als „trostlose Wissenschaft“ (dismal science) bezeichnet wird, sei gegenwärtig trostloser als jemals zuvor. Ein guter quantitativer Maßstab für die Gesundheit oder Krankheit einer Gesellschaft sei heutzutage das Verhältnis von echten Ökonomen zu Propagandisten. Dieses Verhältnis, schätzt Katz, sei niedriger als Eins zu Tausend. Es sei geradezu ekelerregend, dass Leute wie Krugman, Bernanke und Geithner immense Macht, Reichtum und Einfluss besäßen, während brillante Ökonomen der Österreichischen Schule relativ unbekannt seien. Diese Sätze mögen hart klingen, sind aber zutreffend. Besonders auf dem Gebiet der Geldtheorie und Geldpolitik ist das Ausmaß der Ignoranz unter den Ökonomen atemberaubend. Einer der besten Austrians, Gary North, hat von „monetary cranks“ (Spinner auf dem Gebiet der Geldtheorie) gesprochen und auch berühmte Figuren in der Geschichte der Geldtheorie – wie Keynes, C.H. Douglas, Silvio Gesell, Irving Fisher und in gewissem Sinne auch Milton Friedman – als solche ausgemacht. „Als Geldspinner“, so North, „bezeichne ich jemanden, der glaubt, das System der Geldentstehung sei verschieden von der Entstehung anderer Marktphänomene. Während Ludwig von Mises die Geldtheorie derselben Logik zugeordnet hat wie alle anderen Marktprozesse, wollen uns Geld-Spinner weismachen, dass zwar Privateigentum, Unternehmertum und die Kräfte von Angebot und Nachfrage ursächlich für das Funktionieren der Gesamtwirtschaft seien, dass es aber beim Geld anders sei und dass man staatsgeschaffenes und staatlich gemanagtes Geld benötige, um Angebot und Nachfrage für alle anderen Güter zum Ausgleich zu bringen."

Ludwig von Mises hatte erkannt, dass Geld die am meisten marktgängige Ware ist – und dass deshalb die Anbieter von Gütern und Diensten in einer Rezession oder Depression auch zu viel tieferen Preisen verkaufen werden, weil sie das Geld brauchen, um in einer arbeitsteiligen Wirtschaft zu überleben. Sie kaufen Geld, indem sie Produkte verkaufen, und der Markt wird schließlich für den Ausgleich sorgen, sodass die Depression ihr Ende findet. Keynes hingegen behauptete, dass es eine Wirtschaft geben könne, in welcher sinkende Preise den Markt nicht räumen. Die Wirtschaft könne in einem Gleichgewicht bei hoher Arbeitslosigkeit und ungenutzten Ressourcen verharren. Um diese allen ökonomischen Gesetzen widersprechende These beweisen zu können, nahm er Zuflucht zu Argumenten, die vor ihm von ein paar „Spinnern" aufgestellt worden waren, darunter auch C.H. Douglas und Silvio Gesell. Douglas glaubte, dass die Märkte das vom Staat erzeugte fiat money brauchen, um zum Ausgleich zu kommen. Geld werde ausgelöscht (zum Verschwinden gebracht), wenn Geschäftsleute ihre Darlehen nach Beendigung ihrer Produktionsvorhaben zurückzahlen. Die Konsumenten hätten dann kein Geld, um die Waren zu kaufen, die mit jenen Produktionsprojekten erzeugt wurden. Es ist Douglas nicht eingefallen, dass die Banken die zurückgezahlten Beträge sofort wieder ausleihen, weil sie nur so im Geschäft bleiben können. Dass Geld durch Rückzahlung „verschwindet" ist ein Irrtum, der sich in allen sog. Unterkonsumtionstheorien wiederfindet. Das Geld stirbt dort wie durch Zauberhand und die Konsumenten können dann nichts mehr kaufen. Alle Varianten dieser Theorien sind blanker Unsinn – mit einer Ausnahme:

Wenn Einleger von Bankeinlagen ihr Geld abziehen und es nicht ausgeben, sondern unter der Matratze verstecken. Aber das hat nichts mit der Rückzahlung von Krediten zu tun, sondern ist Ausdruck eines schweren Misstrauens in die Bonität der Banken. Und das ist eine andere Geschichte, die genau mit dem fiat money zu tun hat, das die Geldspinner für unentbehrlich halten. (Natürlich kann in einer schweren Verschuldungskrise auch der Fall eintreten, dass niemand mehr neue Darlehen aus dem zurückgezahlten Geld haben möchte, aber dann handelt es sich um den Verzicht auf die Fortsetzung eines übermäßigen schuldenfinanzierten Konsums und nicht um „Unterkonsum“).

Keynes hat diese und andere seltsame Theorien von Douglas übernommen, um seine unhaltbaren Szenarien zu beweisen. Ebenso griff Keynes auf Silvio Gesell zurück und unterlag damit demselben Irrtum wie dieser „Geldspinner“, nämlich der angeblichen Unfähigkeit der Zinsrate, Angebot und Nachfrage beim Kapital zusammenzubringen. Er pries sogar Gesells hellen Unsinn vom „gestempelten Geld“. Dieser Idee gemäß müssen sich die Halter von Geld jeden Monat beim Postamt anstellen, um ihr Geld stempeln zu lassen, damit es seinen Nominalwert behalten darf. Dafür müssen sie eine Gebühr entrichten. Zweck des Vorschlags ist das Signal an alle Geldbesitzer: Gebe dein Geld ganz schnell aus, bevor es durch Gebührenzahlung wertloser wird. Keynes hat allen Ernstes geschrieben: „Die Idee hinter dem gestempelten Geld ist gesund. Möglicherweise lassen sich Mittel finden, sie in gemäßigtem Umfang in der Praxis anzuwenden.“ Gary North kommentiert sarkastisch: „Das war also der Vorschlag eines gescheiterten Kommunistischen Finanzministers (Gesell war in der nur eine Woche währenden Bayrischen Sowjetrepublik 1919 Volksvertreter für Finanzen) und seines Messdieners Keynes, dem bedeutendsten Ökonomen des 20. Jahrhunderts.“ In der heutigen akademischen Welt der Ökonomen gilt als einziger Rivale von Keynes der Geldtheoretiker Irving Fisher. Und der hatte dieselbe Spinner-Sicht wie Keynes.

Was die drei großen Geld-Spinner Keynes, Gesell und Fisher einigt, ist ihre Attacke gegen die Idee des Goldstandards. Keynes hasste das Gold als Geld, weil es Regierungen und Zentralbanken daran hindert, zu inflationieren – und das wiederum, so Keynes, würde Regierungen davon abhalten, politische Maßnahmen zu ergreifen, um Angebot und Nachfrage zum Ausgleich zu bringen. Alle drei *monetary cranks* glaubten, eine Wirtschaft benötige fiat money, um effizient funktionieren zu können, und Experten sollten entscheiden, welche monetäre Inflationsrate die jeweils richtige sei. Sie trauten – wie die meisten Ökonomen noch heute – dem freien Markt nicht zu, ein gesundes und alle wichtigen Geldfunktionen erfüllendes marktwirtschaftliches Geldsystem schaffen zu können. Keynesianer und Nicht-Austrians aller Schattierungen sind Deflationisten in dem Sinne, dass sie behaupten, der freie Markt würde permanent Depression und Deflation erzeugen, wenn die Regierungen kein Geld ausgeben und die Zentralbanken nicht inflationieren, und aus dieser Deflationsfalle würde sich die Wirtschaft von selber nie mehr befreien können. Gemeinsam mit fast allen anderen Mainstream-Ökonomen reden die Keynesianer vom „Paradox des Sparens“ und von der „Liquiditätsfalle“ und unterliegen damit der fehlerhaften Idee, dass Geld, welches als Ersparnis bei der Bank liegt, nicht zugleich Geld sei, das von der Bank für Produktions- und Konsumzwecke verliehen werden kann. Die Nachfolger von Keynes haben ihr bestes getan, diesen Unsinn seit nunmehr 70 Jahren zu verbreiten. Der gegenwärtige Fed-Chairman, Ben Bernanke, und sein Vorgänger, Alan Greenspan, haben sich nicht gescheut, von ihrer Verantwortlichkeit für das Finanzmarktdesaster abzulenken, indem sie die Doktrin vom „Globalen Über-Sparen“ (von einem globalen Spar-Exzess) lancierten. Damit soll die massive Lüge propagiert werden, dass nicht die Kreditexpansion für die Probleme verantwortlich sei, sondern das übermäßige Sparen. Es ist mehr als dummdreist, angesichts einer Verschuldung (also einem „Nichtsparen“ oder „Entsparen“ = Ersparnisvernichtung), wie sie die Weltgeschichte noch niemals gesehen hat, von „exzessivem Sparen“ zu reden.

Jörg-Guido Hülsmann, Ökonomie-Professor an der Universität von Angers, Frankreich, hat in einem neueren, mit „Geldpolitische Spinnereien“ betitelten Artikel (*ef-magazin*) darauf hingewiesen, dass in der aktuellen Weltfinanzkrise zwei der einflussreichsten Ökonomen der Gegenwart, Gregory Mankiw und Willem Buiter, die Schwundgeld-Idiotie Gesells wiederbelebt haben. Hülsmanns Fazit: „Das ist also die geistige Frucht von siebzig Jahren Keynesianismus. Sie führt natürlich zur Zerrüttung der Währung. Vielleicht wird es demnächst tatsächlich zur Umsetzung irgendwelcher Schwundgeldpläne kommen. Sicher ist, dass dadurch das Problem der Fehlinvestitionen nicht gelöst und auch das Wachstum nicht belebt wird. Denn für das eine wie für das andere bedarf es realer Mittel – Arbeit, Rohstoffe, Zwischenprodukte – mit denen sparsam zu wirtschaften ist.“ Wobei anzumerken bleibt, dass es für beides, für Investitionen und für Wachstum, nicht nur echter Ersparnisse (aus verdientem, nicht aus neugedrucktem Geld) bedarf, sondern dass diese Ersparnisbildung durch Schwundgeld verringert, verhindert oder ganz eliminiert werden würde. Die Schwundgeld-Spinner haben also ein Rezept propagiert, das zur totalen Verarmung ganzer Nationen und zum Hungertod von Millionen Menschen führen würde.

Man fragt sich, warum die weit überwiegende Mehrzahl der modernen Ökonomen auf solche und ähnliche Trugbilder hereinfallen – und warum sie ganz generell hinsichtlich des

Geldes fromme Etatisten (Staatsgläubige) sind und das staatliche fiat money mit seinem Zentralbankwesen für unverzichtbar halten. Es gibt dafür eine ganze Reihe von Gründen, ein nicht unerheblicher Beweggrund ist die bereits genannte Tatsache, dass fast alle Ökonomen entweder Staatsdiener sind – oder Angestellte im Netz der Bank- und Finanzindustrie. Was die Abhängigkeit der Ökonomen vom Fed-System betrifft, hat ein Artikel in der *Huffington Post* vom September 2009 wesentlich zur Aufklärung beigetragen. Gary North hat ihn kommentiert („The Third Rail of Academia“). Das niederschmetternde Fazit: Das Fed dominiert mit einem ausgedehnten Netzwerk von Beratern, Vortragenden, Schülern und angestellten Ökonomen das Feld der Ökonomik so gründlich, dass eine echte Kritik der Zentralbank ein Karriererisiko geworden ist. Auch weil sie in der Knechtschaft des Fed stehen, haben die Ökonomen das aktuelle Weltfinanzdesaster nicht gesehen – und zum Teil nicht sehen wollen. Seit drei Jahrzehnten hat das Fed beinahe die gesamte Berufssparte der Geldtheorie- und Geldpolitik-Ökonomen auf die eine oder andere Weise auf seiner Gehaltsliste. Ein Beispiel aus dem *Huffington Post*-Artikel: 1993 hat Greenspan das *House of Banking Committee* informiert, dass zu jenem Zeitpunkt 189 Ökonomen für den Vorstand (Board of Governors, eine Regierungs-Institution) und 171 für die 12 Regionalbanken des Fed gearbeitet haben. Außerdem gab es einen Helferstab und Statistiker von 703 Personen, alle aus der Ökonomen-Riege. Doch das war nur die Spitze des Eisbergs. Von 1991 bis 1994 hat das Fed drei Millionen Dollar an über 200 Professoren für Forschungsarbeiten ausgeteilt.

Dieses Programm läuft noch immer, und zwar mit wachsenden Summen. Aktuell beschäftigt z. B. der Board of Governors 220 Personen des PH.D.-Niveaus (also ab dem Doktorgrad), und im Jahr 2008 betrug die Summe, die vom

Fed für Aufträge an Ökonomen in Sachen „Geld- und Wirtschaftspolitik“ ausgegeben wurde, mehr als 389 Millionen Dollar. Für 2009 sind 433 Millionen budgetiert. Wenn man zu den derzeit auf der Gehaltsliste stehenden Ökonomen diejenigen addiert, die in der Vergangenheit dort gelistet waren, dazu die Wirtschaftswissenschaftler, die Subventionen erhalten haben – und diejenigen, die auf künftige Subventionen hoffen, dann erkennt man, dass es sich um eine signifikante Mehrheit der amerikanischen Ökonomen-Zunft handelt. Hinzu kommt, dass das Fed die Herausgeber akademischer Zeitschriften auf seiner Gehalts- und Unterstützungs-Liste hat. Fast die Hälfte der 190 Herausgeber bei den sieben ökonomischen Top-Zeitschriften ist auf die eine oder andere Weise mit dem Fed verbunden. Ein wirklich kritischer Artikel über das Fed würde in keiner einzigen maßgeblichen Fachzeitschrift publiziert werden. Darüberhinaus muss man wissen, dass es sich bei jeder Stellenbewerbung auf den Berufsfeldern der Ökonomen auszahlt, zeigen zu können, dass man vom Fed geschätzt wurde oder wird.

Der Unantastbarkeits-Status des Zentralbankwesens (und damit auch des fiat money) ist jedoch keineswegs nur ein amerikanisches Phänomen, sondern gilt weltweit. Dabei wirkt maßgeblich mit: 1) dass die Meinungsmacher-Kartelle in allen Nationen schon immer das Zentralbankwesen für gut halten, wie später dargelegt, 2) dass sich die Methodologie und Modellmechanik aller Schulen der Ökonomik (außer den Austrians) auf die Existenz dieser Institution stützt, 3) dass die Politiker aller Parteien dringend einen „lender of last resort“ benötigen, der Staatsschulden unter Marktpreisen kauft, 4) dass Investoren ein Sicherheitsnetz für die Aktienkurse wollen, und 5) dass die Bankergemeinde der Welt ihr von der Zentralbank geschütztes *Fractional Reserve Banking* betreiben will. Außerdem ist der Machbarkeitsglaube der Menschen in die Politik und deren Schalthebel riesengroß – und ihre Skepsis oder Feindschaft gegen den freien Markt ebenso. Das Delirium der Mainstream-Ökonomen im Zeichen der neuen Weltfinanzkrise ist damit aber keineswegs hinreichend beschrieben. Gerade die berühmtesten und medienwendigsten unter ihnen geben seit Monaten Sätze von sich, die selbst ihre bisherigen Kritiker nicht für möglich gehalten hätten. So hat z. B. der Nobelpreisträger Paul Krugman Ende Oktober 2009 in der *New York Times* allen Ernstes geschrieben, dass die Chinesen die wahren Verursacher der weltweiten Überliquidität und der Finanzprobleme seien. Mit ihrer zu billigen Währung hätten sie die US-Bürger zu Import-Exzessen verführt und mit den dabei erlösten Dollar-Devisen (Liquiditätsschwemme) die US-Finanzkrise verursacht. In Wahrheit war es natürlich der vormalige Fed-Chef Alan Greenspan, der durch extreme Überliquidität und die Fast-Null-Zinspolitik nicht nur die US-Immobilienblase, sondern auch den Importboom auslöste. Den Chinesen mit ihrer hohen Produktivitätsleistung und ihren damit niedrigen Preisen die Schuld an der verfehlten US-Wirtschaftspolitik zu geben, ist ein makabrer Witz.

Noch seltsamer waren Äußerungen von Paul Krugman in einer Rede an der London School of Economics. Die FAZ berichtete darüber (Lisa Niehaus, faz.net 24.08.09) unter der trefflichen Überschrift „Dreißig nutzlose Jahre“. Über die Unfähigkeit der Ökonomen, die Krise vorherzusehen, sagte Krugman: „Wir brauchen eine ganz neue Art, Ökonomie zu lehren …, aber ich weiß auch nicht so genau, wie das gehen soll.“ Der Großteil der Makroökonomik der vergangenen 30 Jahre sei im besten Fall spektakulär nutzlos und im schlimmsten Fall schädlich gewesen. (Damit hatte er zwar mehr als recht, aber er zog die falschen Schlussfolgerungen daraus). Die fehlerhafte Entwicklung, so Krugman, hätte auch mit der

Überschätzung des rationalen Verhaltens der Menschen zu tun. Weniger rationale Akteure andererseits würden nicht mehr in die mathematischen Modelle der Nationalökonomie passen. Deshalb frage er sich, wie die Wissenschaft der Ökonomik ein neues Menschenbild finden könne, das zu besseren Modellen führe. Und er kam zu dem Schluss, das sei wohl mit Hilfe des Studiums der Wirtschaftsgeschichte möglich. Man müsse die Gemeinsamkeit vergangener Krisen studieren und beschreiben. Notwendig sei also ein neuer Typ von Wissenschaftler, der zunächst beobachte und weniger interpretiere; schließlich hätten die Theoretiker schon genug Schaden angerichtet.

Es ist nicht zu fassen: Was Krugman hier als Zukunftsaufgabe anpries, ist eine Art Rückkehr zur *Historischen Schule der Nationalökonomie* des 19. Jahrhunderts. Diese hing der erkenntnistheoretisch untauglichen Methode der Induktion an (Induktion = Erkenntnismethode, die durch Beobachtung von Einzelereignissen zur Erkenntnis allgemeiner Gesetze kommen will). Das war der Hauptgrund dafür, dass sich die deutsche Volkswirtschaftslehre ein halbes Jahrhundert lang vom wissenschaftlichen Fortschritt des Fachs ausgeklinkt hat. Spätestens seit Karl Popper sollten Wissenschaftler wissen, dass man nur durch Deduktion (Ableitung des Besonderen aus dem Allgemeinen) zu wissenschaftlich brauchbaren Erkenntnissen kommen kann – bzw. dass Hypothesen, um dem Kriterium der Wissenschaftlichkeit zu genügen, deduktiv falsifizierbar sein müssen. Wenn Krugman sagt: „Wir brauchen eine ganz neue Art, Ökonomie zu lehren", dann kann man ihm nur zustimmen, muss zugleich aber auch hinzufügen: Diese „neue Art" ist eine uralte, nämlich das von euch Mainstreamlern vollständig negierte Lehrgebäude der Austrian Economics. Bei dieser Schule handelt es sich um die seriöse Fortentwicklung der Klassischen Nationalökonomie, die man jedoch von schwerwiegenden Fehlern bereinigt und mit bahnbrechenden neuen Erkenntnissen angereichert hat. Statt hier anzudocken, haben die Ökonomen (die Nicht-Austrians) zunächst nach dem vollständig rationalen Menschen gesucht (der in ihre mathematisierten Makromodelle passt), jetzt – mit den „animal spirits" in der Nachfolge von Keynes – nach dem weitgehend irrationalen. Ein Affenzirkus! Warum nehmen sie nicht den ganz normalen Menschen der Österreichischen Schule der Nationalökonomie?! Die Ökonomen dieser Tradition brauchen weder vollständig rationale noch irrationale Menschen für die Erklärung des wirtschaftlichen Geschehens – inklusive des Austrian Business Cycle; ihr Denkgebäude arbeitet mit Menschen, die im großen und ganzen nach den ewigen ökonomischen Gesetzten der Knappheit, der Knappheitsüberwindung und des Strebens nach Gewinn handeln, mit Menschen aus Fleisch und Blut also, wie sie nun einmal sind. Auch brauchen die Austrians keine mathematischen Modelle (der Mensch ist keine Robotermaschine, deren Funktionieren sich mit Zahlen und Kurven darstellen lässt), sondern nur ihren nationalökonomisch geschulten Verstand. Genau deshalb haben so gut wie alle Vertreter dieser Lehre die aktuelle Weltfinanzkrise vorhergesehen – im Gegensatz zu den anderen Protagonisten unseres Fachs.

Archetypisch für die meisten Köpfe aus der Riege der ökonomischen Medien-Prominenz, hat auch ein anderer Nobelpreisträger für Wirtschaft (2001) kürzlich einen Beleg für den intellektuellen Offenbarungseid der vorherrschenden Lehren geliefert: George Akerlof. Er war zwar, zusammen mit Robert Shiller, der einzige Nicht-Austrian, der vor einer kommenden Krise gewarnt hat, blieb jedoch mit seiner Analyse nur an den Symptomen hängen. Seine Erkenntnis, die Immobilienblase in den USA und in einigen anderen Ländern werde zu einer Rezession führen, war keine besonders herausragende Forscherleistung. Und sein Neuaufwärmen der Keynes'schen Banalität von den „animal spirits" der Menschen in bestimmten Situationen ebenfalls nicht. Die Antworten, die Akerlof Anfang September 2009 in einem Interview mit den Redakteuren Gygi und Schwarz in der *Neuen Zürcher Zeitung* (5.9.09) gab, sprechen Bände über den Zustand des heutigen Lehrstabs der Ökonomik. Auf die Frage *„Die Österreichische Schule der Nationalökonomie vertritt ... die Ansicht, dass die Politik des lockeren Geldes die Grundlage der Krise war. Zeigt diese Krise nicht, dass die ‚Austrians' recht hatten?"* – erfolgte die Antwort: „Nein, überhaupt nicht, diese Krise zeigt im Gegenteil, dass Keynes recht hatte. Lesen Sie Keynes' Beschreibung spekulativer Märkte. Wegen dieser spekulativen Märkte und weil Märkte systematisch zum Über- und Unterschießen neigen, kommt es zu schweren Rezessionen. Die Standardtheorie, die von den meisten Ökonomen gelehrt wird, hält nicht viel von staatlichen Interventionen und von Regulierungen. Wir brauchen aber mehr Regulierungen, besonders im Finanzsektor, und ich glaube, jeder verantwortungsvolle Politiker [sic!] sieht das heute genau gleich." Frage: *„Dann sind die Fachleute und Politiker also daran, die richtigen Lehren aus der Krise zu ziehen?"* Antwort: „Ja, ich glaube, wir beginnen nun zu realisieren, dass Finanzmärkte wirklich einer Regulierung bedürfen, das haben wir sicher gelernt." Frage: *„Glauben Sie nicht, dass die aufgeblähte Geldmenge ein Auslöser der Krise war?"* Antwort: „Ich glaube, dass sie eine gewisse Rolle spielte, aber nicht die Hauptrolle. Was wir auf dem Häusermarkt erlebt haben, ist weit über das hinausgegangen, was lockeres Geld verursacht haben mag." Frage: *„Der Staat hat mit seinen Rettungsaktionen doch auch einzelne Personen vor den Folgen ihres Handelns geschützt. Wurde dadurch die Verantwortung der Einzelnen nicht verringert?"* Antwort: „Ich glaube nicht. Diese ganze Argumentation, die ja auf dem Moral-Hazard-Ansatz beruht, ist in diesem Zusammenhang schlicht nicht angebracht. Wir müssen, um aus der Krise herauszukommen, die Makroökonomie in Ordnung bringen. Das ist das dringendste Ziel der Regierung in den USA und der Regierungen überall auf der Welt." Frage: *„Die Kritik, dass die Banken wenig individuelles Risiko hätten tragen müssen und deshalb unsorgfältig arbeiteten, ist also haltlos?"* Antwort: „Ich glaube nicht, dass dies einer der wichtigeren Gründe für die Übertreibungen war."

Die Interviewer, Beat Gygi und Gerhard Schwarz, sind mit der Österreichischen Schule der Ökonomik vertraut, und man merkt es den Fragen an, wie sie mit zunehmender Fassungslosigkeit vorgebracht wurden. Der Antwortkatalog George Akerlofs ist ein Dokument der Schande für die moderne Nationalökonomie. Dass sein Buch (zusammen mit Robert Shiller) ‚Animal Spirits. How human psychology drives the economy, and why it matters for global capitalism', in welchem die Keynes'sche Banalität von den „animal spirits" wieder-aufgewärmt wird, zu einem Bestseller bei den ökonomisch gebildeten und interessierten Intellektuellen wurde, belegt nur, wie erfolgsträchtig es sein kann, auf den Mainstream-Wellen zu schwimmen. Vielleicht ist es auch angebracht, darauf hinzuweisen, dass Akerlofs Ehefrau, Janet Yellen, unter Präsident Clinton einige Zeit den *Council of Economic Advisers* geleitet hat und zuletzt als mögliche Nachfolgerin von Ben Bernanke an der Spitze des Fed gehandelt wurde. Und vielleicht ist hier auch der ganz generelle Hinweis angebracht, dass der Nobelpreis für Wirtschaftswissenschaften keine der Ehrungen ist, die nach dem Willen von Alfred Nobel eingeführt wurden, sondern ein Preis, der indirekt von der schwedischen Zentralbank vergeben wird.

2. Keynesianer und Austrians

Die Geschichte der Österreichischen Schule der Nationalökonomie ist eine tragische (vielleicht, weil die Geschichte der Menschheit ohnehin eine Aufeinanderfolge von Tragödien ist). Schon ihr geistiger Begründer, Carl Menger (1840–1921), war in seinen späteren Lebensjahren in tiefe Depression verfallen und publizistisch verstummt. Sein analytischer Verstand ließ ihn den kommenden Weg Europas und der Welt in Krieg und Elend vorausahnen, ja sogar als Gewissheit sehen. Ludwig von Mises hat in seinen (in den Jahren 1940 bis 1942 niedergelegten) Erinnerungen geschrieben: „Ich glaube zu wissen, was Menger entmutigt und frühzeitig zum Verstummen gebracht hat. Sein scharfer Geist hatte erkannt, wohin die Entwicklung Österreichs, Europas und der Welt ging; er sah diese größte und höchste aller Zivilisationen im Eilzugtempo dem Abgrund näherkommen; er hat alle Greuel vorausgeahnt, die wir heute schaudernd erleben. Er wusste, welche Folgen die Abkehr der Welt vom Liberalismus und Kapitalismus nach sich ziehen musste. Er hat das getan, was er gegen diese Strömungen unternehmen konnte. Seine Untersuchungen über die Methode der Sozialwissenschaften waren auch als Streitschrift gegen alle jene verderblichen Geistesströmungen gedacht, die von den Lehrkanzeln des großpreussischen Reiches die Welt vergifteten. Er sah, dass sein Kampf aussichtslos und hoffnungslos war, und so erfüllte ihn schwarzer Pessimismus, der seine Kräfte lähmte. Er hat diesen Pessimismus seinem jungen Schüler und Freunde, dem Thronfolger Rudolf, mitgeteilt. Kronprinz Rudolf hat Hand an sich gelegt, weil er an der Zukunft seines Reiches und der europäischen Kultur verzweifeln musste."

Mises berichtet an gleicher Stelle von einem Gespräch mit Carl Menger über das Buch des deutschen Ökonomen Georg

Friedrich Knapp ‚Staatliche Theorie des Geldes' (1905 u. 1923), das damals großen Einfluss auf die Fachakademiker hatte. (Knapp gehörte zur *Jüngeren Historischen Schule der Nationalökonomie* und behauptete, Geld sei ein Geschöpf der Rechtsordnung, weshalb seine stoffliche Substanz unerheblich sei). Mengers Urteil lautete: „Das ist die folgerichtige Entwicklung der preussischen Polizeiwissenschaft. Was soll man von einem Volke halten, dessen Elite nach zweihundert Jahren Nationalökonomie solchen Unsinn, der nicht einmal neu ist, als höchste Offenbarung bewundert? Was hat man von einem solchen Volke noch zu erwarten?" Mises selber war nach seiner Odyssee von Wien über Genf in die USA und angesichts der Weltereignisse und des geistigen Zustandes der akademischen Lehren ebenfalls – wenngleich nur vorübergehend – tief deprimiert. Das kommt am kürzesten in seinem 1940 geschriebenen Satz zum Ausdruck: „Ich wollte Reformer werden, doch ich bin nur der Geschichtsschreiber des Niedergangs geworden." Mises hat um der Wahrheit und der unbeugsamen Nichtkorrumpierbarkeit willen sein ganzes Leben lang schwerste Entbehrungen auf sich genommen. Er verzichtete Mitte 1929 (sehr zum Missfallen seiner Verlobten) auf eine ihm angebotene lukrative Anstellung bei der Wiener Bank *Kreditanstalt.* Seine Begründung: „Es wird ein großer Zusammenbruch kommen, und ich möchte nicht, dass mein Name in irgendeinen Zusammenhang damit gebracht wird." Wir wissen, was folgte: Die mit übermäßigen Krediten aufgeblähten Banken – inklusive der Kreditanstalt – brachen zusammen, unzählige Unternehmen gingen zu Konkurs und die Arbeitslosigkeit explodierte.

Mises' genialische Habilitationsschrift ‚Theorie des Geldes und der Umlaufsmittel' war zunächst nur in Deutsch erschienen und litt an zu geringer Beachtung in der überwiegend angelsächsischen Fachwelt. Als das Werk 1934 ins Englische übersetzt wurde, erntete es zwar erhebliche Aufmerksamkeit, doch kurz danach erschien das Buch von John Maynard Keynes ‚Allgemeine Theorie der Beschäftigung, des Zinses und des Geldes', eine Mechanisten-Anleitung für die politische Kaste zum Anwerfen der Inflations- und Verschuldungs-Maschinerie, also eine Art perfekter Anti-Mises. Damit wurde Mises zwar in keinem einzigen Punkt widerlegt, aber er und sein Werk wurden schlicht ignoriert. Seine Gedanken waren zu „unbequem" – ganz im Gegensatz zu Keynes' quacksalberischer Zauberwelt. Trotz seiner überragenden Genialität, seiner umwälzenden Erkenntnisfortschritte und seiner gewaltigen publizistischen Fruchtbarkeit, hat man Mises nie einen ordentlichen Lehrstuhl angeboten. Zeitlebens begnügte er sich mit dem schmalen Einkommen aus einer privat gestifteten Professur.

Ganz ähnlich erging es dem geistigen Giganten und Mises-Schüler Murray N. Rothbard. Viele Jahre lang musste er sich mit einem gering bezahlten Lehrauftrag an einem kleinen College in Brooklyn abfinden, bevor er einen Ruf an die University of Nevada bekam. Auch Mises' Schüler und Kollege Friedrich A. von Hayek hat sich während seiner gesamten akademischen Laufbahn stets schwer getan mit Karriere-Gegebenheiten, welche die modernen Ökonomen bis zum Exzess genießen. In einer vor kleinem Studentenkreis gehaltenen Vorlesung hat er einmal dargelegt, wie unendlich schwer ihm die Entscheidung gefallen sei, eine staatlich bezahlte Professorentätigkeit anzustreben. Schließlich gab eine Überlegung den Ausschlag, die viele Jahre später auch dazu führte, dass Hayek den ihm angetragenen Nobelpreis für Wirtschaft (nach langem Ringen mit sich selbst) nicht ausgeschlagen hat: Nicht zuletzt das Mises-Schicksal vor Augen, war Hayek sich gewiss, dass Einfluss und Wirkkraft seiner Ideen auf Fachwelt, Intellektuelle und Publikum mit dem Gewicht und der Verbreitungspotenz eines Lehrstuhls hundert- oder tausendfach größer seien als bei einer Tätigkeit als Privatgelehrter. Und gerade angesichts der „Weltherrschaft" der keynesianischen Ideen kann man das Gewicht gar nicht hoch genug schätzen, das der Verbreitung (und der Gefahr der Nicht-Verbreitung) der Austrian Economics zukommt. Noch einmal in Entscheidungsnot geriet F. A. von Hayek Jahrzehnte später: Nachdem sich das Stockholmer Verleihungskomitee bereits um die überfällige Ehrung Ludwig von Mises' herumgedrückt hatte, konnte es sich schließlich an der Bedeutung der bahnbrechenden Schriften von Hayeks nicht mehr vorbeimogeln und trug ihm 1974 den Nobelpreis für Wirtschaft an. Zynischerweise musste sich Hayek den Preis mit dem schwedischen Obersozialisten Gunnar Myrdal teilen. Ein schwerer Affront. Dennoch nahm Hayek die Ehrung (aus den genannten Gründen) an. Bezeichnend für seine Prinzipientreue und Wahrhaftigkeit, hat er in seiner Dankesrede anlässlich der Preisverleihung dem Komitee dringlich empfohlen, die Nobelpreisvergabe bei den Naturwissenschaften zu belassen und die Ehrung von Wirtschaftswissenschaftlern wieder aufzugeben. Zu groß, so Hayek, sei die Gefahr, dass falsche und gefährliche politökonomische Ideen durch die Preisverleihung an Gewicht und Einfluss gewinnen könnten.

Hayek musste – wie Mises – beim Herannahen der nationalsozialistischen Machtübernahme seine Heimatstadt Wien verlassen. Er ging zunächst nach England (London School of Economics), später in die USA. Was jedoch auf den ersten Blick als Übel erscheint, hatte auch eine positive Seite. Rahim Taghizadegan hat recht, wenn er (in ‚Ökonomie') schreibt: „Der vermeintliche Todesstoß der Flucht oder Vertreibung fast aller Volkswirte der Wiener Schule, weil sie der Nazi-Sozi-Taxis zu kritisch gegenüberstanden … sollte jedoch paradoxerweise das Überleben der Wiener Schule ermöglichen.

Denn die Keime der Erkenntnis wurden weltweit versprengt und konnten sich insbesondere in den USA erneut sammeln.“ Ludwig von Mises brachte in den USA eine Schar von Schülern hervor, die den Kern der Österreichischen Theorie nicht nur bis heute am Leben hielten, sondern diese Lehren auch fortentwickelten und zu einer Bewegung ausbauten, die sich *Libertarianism* nennt und deren wachsende Bedeutung in der Präsidentschaftskandidatur des US-Abgeordneten Ron Paul einen vorläufigen Höhepunkt gefunden hat. Eine herausragende Rolle beim Aufbau dieser im wesentlichen der *Austrian School* verpflichteten Ideenschule spielte Murray N. Rothbard, ein wahrer Genius von Mises'scher Dimension. Große Bedeutung kam und kommt auch Institutionen wie dem FEE (*Foundation For Economic Education*) zu, sowie ganz besonders dem *Mises Institute* in Auburn, Alabama unter seinem derzeitigen Präsidenten Llewellyn H. Rockwell, Jr. Dessen Internet-Seiten erfahren heute millionenfachen Zugriff von freiheitsliebenden Menschen aller Länder der Erde.

Im deutschsprachigen Raum ist in Wien mit dem *Institut für Wertewirtschaft* und brillanten Köpfen wie Rahim Taghizadegan und Gregor Hochreiter eine neue und dynamische Keimzelle zur Verbreitung der Austrian Economics entstanden; eine Quelle der Inspiration und Erneuerung im Geiste der Österreichischen Schule, die damit – wenigstens mit einem Ableger – an ihren Heimatort zurückgekehrt ist. (Andere verdienstvolle Protagonisten im deutschsprachigen Raum sind die *Hayek-Gesellschaft* in Berlin und das *Hayek-Institut* in Wien. Die freiheitlichste Zeitschrift in Deutschland – und damit logischerweise der Österreichischen Schule verbunden – erscheint unter dem Namen *eigentümlich frei* im Lichtschlag-Verlag, Grevenbroich. Traditionell den Austrians verbunden sind die *Schweizer Monatshefte*, Zürich. Schwerpunkte in der Austrian Theory setzt auch das Kapitalanlage-Magazin *Smart Investor*). Welche Bedeutung die Austrians – und speziell Ludwig von Mises – derzeit, inmitten der Weltfinanzkrise, in den USA erlangt haben, mag man an einem Ereignis erkennen, das getrost als Mediensensation bezeichnet werden kann. Am 6. November 2009 erschien in der bekanntesten Zeitung der modernen Finanzwelt, im *Wall Street Journal*, ein Großartikel mit dem Titel „The Man Who Predicted the Depression. Ludwig von Mises explained how government-induced credit expansion led to imbalances in the economy“. (Der Mann, der die Depression vorhergesagt hat. Ludwig von Mises hat erklärt, wie die staatsinduzierte Kreditausweitung zu Verwerfungen in der Wirtschaft führte.) Darin wird nicht nur dargelegt, dass – und warum – Mises die Depression der 1930er Jahre vorhergesehen, exakt begründet und beschrieben hat, sondern dass seine Einsichten auch aktuell wieder das einzig brauchbare Erklärungsmuster für die neue Depression liefern können – und somit auch die einzig taugliche Rezeptur zur Überwindung der Misere. Mit Blick auf die Keynes'schen Lehren, mit welchen die Mises-Weisheiten unter Bergen von Irrtümern und ideologischem Müll zugeschüttet wurden, schreibt der Autor (Mark Spitznagel, Chef eines kalifornischen Hedge Funds), dass seit Keynes Jahrzehnte der Inflation, der künstlichen Booms mit nachfolgenden Rezessionen und Währungskrisen über die Welt gekommen sind – und nun schließlich der katastrophale Kollaps mit Immobilien-, Hypotheken- und Bankenkrise. Mit Keynes sind wir wieder da, wo wir hergekommen sind: Inmitten der Misere. Und er schließt: „Wie seltsam, dass der Mann, der das Drehbuch für unsere unendliche Geschichte der staatsinduzierten Kreditausweitung, der Inflation und des Zusammenbruchs geschrieben hat (also Mises) so gründlich vergessen worden ist. Müssen wir erst eine weitere Aufführung dieser Tragödie durchstehen?“

Doch nun zur „Gegenseite“: John Maynard Keynes, später Lord Keynes, war ein hochgebildeter Mann. Aber seine nationalökonomischen Kenntnisse waren nicht überragend und hätten ihn keineswegs berechtigen dürfen, ein Buch mit dem anspruchsvollen Titelelement ‚Allgemeine Theorie‘ zu publizieren. Seine Deutschkenntnisse waren – nach eigenem Eingeständnis – so schwach, dass er die bahnbrechenden Werke der Wiener Ökonomen nicht lesen konnte, und viele Bausteine seines Theoriegebäudes waren zweifelhafter Herkunft (wie wir am Beispiel Silvio Gesell sehen konnten). Was mag ihn also zu seinem allzu kühnen Unterfangen bewogen haben? Eigentlich war seine Absicht ehrenwert, denn er wollte nichts Geringeres als sein Land vor dem Sozialismus sowjetischen Musters bewahren, der vielen westlichen Intellektuellen – mit Blick auf die Revolution in Russland – als erstrebenswert vorkam. Eine solche Umwälzung fürchtete er für den Fall, dass die britische Wirtschaft zusammenbrechen würde. Und genau das drohte nach dem Ersten Weltkrieg. Die Kriegsinflation war zuendegegangen und die Preise sanken zurück auf Vorkriegsniveau. Konsequenterweise hätten auch die Löhne sinken müssen, sollte die britische Wirtschaft nicht durch die Arbeitskosten erwürgt werden. Doch die starken und volkswirtschaftlich schimmerlosen Gewerkschaften verhinderten das und hielten die Löhne auf dem durch die vorangegangene Inflation aufgeblähten Niveau. Es drohte eine gigantische Arbeitslosigkeit und der Zusammenbruch der britischen Industrie. Keynes’ Überlegung lautete in Klartext und Kurzfassung: Wenn die notwendigen Lohnsenkungen politisch nicht durchsetzbar sind, dann muss man sie vermittels eines Tricks herbeiführen, und zwar durch Inflationierung. Wegen der sogenannten „Geldillusion“ glauben die meisten Leute, der nominelle Wert ihrer Einkommen sei gleich dem realen Wert; sie merken also nicht, wenn die Preisinflation dafür sorgt, dass bei gleichbleibendem Nominallohn ihre Reallöhne sinken (also das weniger wird, was sie sich für ihren Lohn tatsächlich kaufen können). Für die Unternehmer hingegen spielen als Kostenfaktor nur die Reallöhne eine Rolle – und nicht die Nominallöhne. Trotz überhöhter Nominallöhne werden sie keine Entlassungen vornehmen. Somit gab es für Keynes nur einen Ausweg: Die Preisinflation musste angeheizt werden, indem man die Politik davon überzeugte, die Notenpresse wieder anzuwerfen. Das hat natürlich nur kurzfristig die erwünschten Wirkungen und zeitigt längerfristig desaströse Folgen; aber „auf lange Sicht", so das berühmte Diktum von Keynes, „sind wir alle tot." Er hätte wissen müssen, dass Lug und Trug auch dann nichts Gutes erzeugen können, wenn sie in guter Absicht eingesetzt werden.

Friedrich A. von Hayek, der Keynes persönlich kannte, war der Überzeugung, dass es nur dieser eine Grund gewesen sei, der Keynes dazu bewegt habe, die ‚General Theory …' zu verfassen, und dass sich der Autor sehr wohl im Klaren darüber gewesen sei, dass sie keineswegs dem Titel „Allgemeine Theorie" gerecht werden konnte. Als Hayek ihn auf etliche seiner schweren Denk- und Methodenfehler aufmerksam machte und ihn fragte, was er tun würde, wenn die Inflation aus dem Ruder laufen würde, antwortete Keynes: „Dann drehe ich die öffentliche Meinung wieder um, und zwar so" – wobei er mit dem Finger schnippte. Rahim Taghizadegan hat dieses Ereignis kommentiert mit den Worten: „Sechs Monate später war Keynes tot, und die Geister, die er gerufen hatte, machten sich selbständig. Allem Anschein nach hielt Keynes selbst am wenigsten von seinen Jüngern, den ‚Keynesianern'. Sie waren bloß Werkzeug für seine Zwecke. Bemerkenswert ist die Leichtfertigkeit, mit der Keynes jene Entwicklung ins Leben rief, die den inflationären Konsumismus der Gegenwart ermöglichte." (Taghizadegan: ‚Ökonomie')

Dass Keynes sein Land vor einem „hard core"-Sozialismus oder Kommunismus bewahren wollte, bedeutet aber keineswegs, dass er für freie Marktwirtschaft oder pro Kapitalismus gewesen wäre. Er vertrat eine faschistische Plan- und Kommandowirtschaft, in welcher er und seinesgleichen die Richtung vorgeben sollten. Alle seine Ausführungen standen im Dienste seiner lässigen Arroganz und seinem Willen zur Dominanz. Murray N. Rothbard hat den Mann Keynes und sein Werk akribisch erforscht und kam zu einem vernichtenden Urteil („Keynes, the Man"), das noch schärfer ausfällt als die kritischen Worte Hayeks. Keynes, schrieb Rothbard, hat nur alte inflationistische Fehler mit einem modernen pseudowissenschaftlichen Jargon aufgemöbelt und sie so aussehen lassen, als seien sie neueste Errungenschaften der ökonomischen Wissenschaft. Damit konnte er auf der Zeitgeistwelle des Etatismus und Sozialismus reiten, auf der Woge der Plan- und Lenkungswirtschaft. „Keynes hat die alte Rolle der ökonomischen Theorie als Spielverderber bei inflationistischen und etatistischen Politsystemen eliminiert und stattdessen eine neue Generation von Ökonomen zu akademischem Einfluss und zu politischem Mammon und Privilegien geführt… Er war ein Mann, der in Kategorien der Macht und der brutalen Dominanz dachte und handelte, der das Prinzip der Moral verunglimpfte, der ein ewiger und eingeschworener Feind des Bürgertums sowie der Gläubiger und der sparsamen Mittelschicht war, ein systematischer Lügner, der die Wahrheit nach seinen eigenen Absichten verbog, ein Faschist und ein Antisemit – und der gleichwohl fähig war, seinen Gegnern und Konkurrenten zu schmeicheln." Es gelang Keynes sogar, einige Hayekianer und Misesianer, die es besser wissen sollten – und es besser wussten – auf seine Seite zu ziehen. Nur Mises blieb vollständig uninfiziert von der Keynes'schen Doktrin. Deshalb hat man ihn auch aus der einflussreichen akademischen Szene verdrängt und ferngehalten. Keynes lehnte Hayeks These ab, dass Etatismus und Zentralplanung direkt in den Totalitarismus führen. Stattdessen hielt er „angemessene Planung" für ungefährlich, wenn sie nur von Leuten wie ihm und von Politikern seiner Gesellschaftsschicht ausgeführt werden würde.

Das alles wäre nur eine akademische Verirrung geblieben und wäre keine Katastrophe von menschheitsgeschichtlicher Dimension geworden, hätte Keynes mit seinem Werk nicht den Ökonomen, den Politikern und den Intellektuellen der westlichen Welt den Eindruck vermittelt, nun sei die Zauberformel für ewige Prosperität und unaufhörliches Wachstum gefunden – sowie die Medizin zur raschen und schmerzlosen Umkehr bei allen konjunkturellen „Missgeschicken". Mit den keynesianischen Rezepten ist der ideologische Giftstoff in die Welt gekommen, mit dem sich der Drachen der menschlichen Hybris prächtig füttern lässt. In Geist und Gemüt der Menschen lauert stets sprungbereit – das Monster der Überheblichkeit und der Anmaßung, das sie glauben lässt, kraft des Verstandes die Herren ihres wirtschaftlichen Schicksals zu sein. Und die politische Kaste greift diesen Aberglauben begierig auf, um sich als meisterliche Lenker und als kundige Mechaniker aufzuspielen, die mit dem Reparaturwerkzeug für jeden Stotterer im volkswirtschaftlichen Wachstumsmotor ausgestattet sind. Oft nimmt diese Hybris quasireligiöse Formen an. So auch bei den Keynes'schen Lehren, unterlegt mit den Worten des großen Meisters, man könne mit Kreditausweitung das Wunder vollbringen, „Steine in Brot zu verwandeln."

Der amerikanische Ökonom Mark Thornton hat seine Keynes-Kritik in bissige Sätze gefasst, indem er schrieb: „Keynes benutzte oft eine blumige Sprache – wie „tierische Instinkte" und „Liquiditätsfalle", um Dinge zu beschreiben, die er nicht verstanden hat. Er war letztlich mehr Bürokrat als

Ökonom. Man könnte ihn sogar einen Anti-Ökonomen nennen, weil er Phänomene wie Angebot und Nachfrage ausblendete und glaubte, dass die Regierung die Wirtschaft führen könnte. Da er nicht verstanden hat, wie die Wirtschaft funktioniert, hat er auch nicht verstanden, wie eine Wirtschaft sich korrigiert, wenn einmal eine Kontraktion eintritt." Wenn die Leute sich in einer Krise schützen wollen und mehr sparen und weniger konsumieren, dann ist das für Keynes eine „Liquiditätsfalle". In Wirklichkeit hilft das vermehrte Sparen nicht nur der investierenden Wirtschaft; sogar das Horten von Geld, das für Keynes Teufelswerk war, ist eine gute Sache, weil es dem Erholungsprozess dient. Wenn alles billiger wird, steigt die Kaufkraft eines jeden gehorteten Dollars. So werden die Preise, die im Boom davongelaufen sind, wieder zur Normalität zurückgeholt. Auch werden Schulden liquidiert und fehlerhafte Kapazitäten abgebaut. Aber Keynesianer fürchten diesen Prozess, weil sie nicht verstehen, wie er zu normalen Beschäftigungs- und Wachstumsverhältnissen zurückführt. In Wirklichkeit wird das übermäßige Horten von Geld erst durch keynesianische Politik zur Dauererscheinung, weil diese Politik zu Desastern führt – wie zur großen Depression der 1930er Jahre, zur Stagflation von 1970 bis 1982 und zur nun schon 20 Jahre währenden Japanischen Misere. Ohne Staats- und Zentralbankinterventionen hätten diese Ereignisse nicht jedes Mal länger als ein Jahrzehnt gedauert, sondern nur eine relativ kurze (wenngleich schmerzliche) Zeit. Was haben Japans Regierungen und Zentralbank nicht alles getrieben in den letzten 20 Jahren. Sie haben jeden Korrekturansatz der ökonomischen Anpassungskräfte sofort bekämpft. Sie haben die gigantischsten fiskalischen und monetären Anreize gesetzt, die man bisher jemals gesehen hat. Sie haben die Zinssätze auf Null gefahren und die Regierungsausgaben ins Astronomische gesteigert. Die Staatsschuld liegt nun jenseits der 200 %-Grenze des Sozialproduktes, und erreicht hat man damit nur, dass das Land vor dem finalen Staatsbankrott steht. Doch was lernen die anderen Regierungen der Welt daraus? Nichts. Sie wiederholen denselben Hokuspokus, getreu der keynesianischen Religion. Und die Ökonomen der Welt (außer den Austrians) feuern sie dabei unablässig an.

Mit Ausnahme der Austrians verkünden seit Keynes die meisten Ökonomen der Welt wissenschaftlich verbrämte Konsummythen. So z. B., der Konsum sei die wichtigste Komponente der Volkswirtschaft und sowohl nachlassender als auch übermäßiger Konsum seien Begleiterscheinungen des freimarktwirtschaftlichen oder kapitalistischen Systems. Beides ist falsch. Der Konsum ist zwar eine wichtige Komponente der Volkswirtschaft, aber die Schlüssel zu anhaltendem wirtschaftlichen Wachstum sind Sparen und Investieren. Eine Politik, die den Konsum fördert, macht dies zulasten des Sparens; und weniger Ersparnisse bedeuten weniger Investitionen. Eine Wirtschaft, die nicht spart oder investiert, wird alle ihre Ressourcen konsumieren und schließlich im Bankrott enden. Außerdem wird übermäßiger Konsum meistens von den (seitens der Zentralbanken) zu niedrig gesetzten Zinsen verursacht. Das facht das Konsumieren an und verringert das Sparen. Oft werden die Realzinsen wegen der von den Geldfluten erzeugten Preisinflation sogar negativ, was das Sparen unwirtschaftlich werden lässt und das Konsumieren – möglichst jetzt, bevor die Preise noch weiter steigen – profitabel. Die Unternehmen reagieren darauf mit vermehrten Investitionen in die Konsumgüterindustrie. Ein Boom wird erzeugt. Sobald der Kaufrausch der Leute nachlässt, springt (getreu den Keynes'schen Vorgaben) der Staat mit gigantischen Ausgaben ein, um die angebliche „Lücke" zu füllen. Kurz: Übermäßiger Konsum wird von der Politik verursacht, nicht vom freien Markt; und der Konsumrausch endet wie jeder Rausch mit einem Kater oder gar in einem letalen Zusammenbruch. Michael von Prollius hat dafür die schönen Sätze geprägt, der Schlüssel zur Vermeidung von Boom und Bust sei, „die Zinsen die Wahrheit über die Zeit erzählen zu lassen. Mit einer Zentralbank, die Zinsen festsetzt und Geld ausgibt, das weder gedeckt noch knapp ist, wird diese Wahrheit verzerrt und verschleiert. Zusammen mit einer permanenten antizyklischen Politik oder einem Management der Kreditbedingungen ist die Konfusion vollständig."

Für Keynes und seine Nachfolger ist jedoch nicht der „übermäßige" Konsum ein Problem, sondern das Gegenteil, der „Unterkonsum" als Kehrseite des „Übersparens". Und dem muss in keynesianischer Sicht der Staat mit neu geschaffenem Schuldengeld entgegenwirken (in die „Konsumlücke einspringen"). Wie schrecklich falsch solches Denken ist, kann nur erkennen, wer verstanden hat, wie der Konsum eigentlich funktioniert. Das Konsumieren ist bei genauer Betrachtung ein Tausch von Ware gegen Ware, von Produktion gegen Produktion. Das wird unmittelbar klar, wenn man sich einen Realtauschmarkt vorstellt und das Geld wegdenkt. Eine Person, die auf einem solchen Markt beispielsweise eine Wurst kaufen will, um sie essen zu können, muss dem Verkäufer der Wurst eine andere Ware oder eine Dienstleistung zum Tausch anbieten. Der Kaufinteressent muss also vorher etwas produziert haben – oder zugleich einen Dienst anbieten. Ein Schuster kann z. B. einem Bäcker ein Paar Schuhe anbieten – gegen die Zusage des Bäckers, dem Schuster einen Monat lang jeden Tag ein Brot auszuhändigen. Das Geld dient hierbei nur zur Erleichterung des Austausches, weil man damit das Problem umgehen kann, dass der Verkäufer momentan das, was der Kaufwillige anzubieten hat, nicht benötigt. Vermittels des Geldes kann der Anbieter einer Ware eine „im

Geld verborgene oder schlummernde Ware“ im Tausch entgegennehmen, die er später an jemanden weitertauschen kann, der sie benötigt. Man muss also zunächst einmal verstehen, dass jede am Tausch beteiligte Person – Verkäufer und Käufer – das verkauft, was sie produziert hat oder leisten wird. Jeder Kauf (auch für Konsumzwecke) ist also ebenso ein Angebot von Produktion wie jeder Verkauf ein Angebot von Produktion darstellt. Wenn dem nicht so wäre, würde die betreffende Wirtschaft bei jedem Konsum schrumpfen, weil dann etwas entnommen und verbraucht werden würde, ohne dass etwas Gleich- oder Höherwertiges hinzukommt. Und bei künstlich erzeugtem Geld tritt das tatsächlich ein. Hierzu nochmal ein Beispiel: Nehmen wir an, der Bäcker gibt dem Schuster ein Zertifikat, auf dem vermerkt ist: „Ich, der Bäcker namens X, verpflichte mich, dem Inhaber dieses Zertifikats 30 Brote zu geben, die innerhalb von 30 Tagen in beliebigen Teilmengen verlangt werden können.“ Diesen „Schuldschein“ händigt der Bäcker dem Schuster aus, der ihm im Gegenzug ein Zertifikat übergibt, auf dem zu lesen steht: „Ich, der Schuster Y, verpflichte mich, dem Inhaber dieses Zertifikats innerhalb von 30 Tagen ein Paar Schuhe der benötigten Größe anzufertigen und zu übergeben.“ Beide haben also eine Art „Geld“ (Zertifikate) ausgetauscht, hinter denen reale Güter und Leistungen stehen, die entweder bereits produziert sind oder alsbald produziert werden.

Wenn man sich nun vorstellt, dass auf dem besagten Markt ein Zertifikat in Umlauf kommt, auf dem vermerkt ist: „Der Staat oder die Zentralbank bestätigt, dass es sich bei vorliegendem Zertifikat um Geld im Nominalwert von soundsoviel Euro handelt“ (und das entspricht genau dem Charakter des ungedeckten fiat money), dann ist das Betrug, weil dahinter keine Produktion, kein reales Gut und keine tatsächlich zu erbringende Leistung steht. Wenn Geld statt aus Produktion aus heißer Luft entsteht (Druckerpresse oder Kredite aus dem Nichts), wird nicht Produktion gegen Produktion getauscht, sondern Luft gegen Produktion – und das ist ein betrügerischer Vorgang. Diese Täuschung kann so lange währen, wie die Beteiligten *glauben*, dass hinter dem Zertifikat ein reales Gut stecke. In Wahrheit ist bei einem solchen Geld- und Kreditsystem derjenige der Dumme, der tatsächlich Güter produziert, während der Geldproduzent, der nichts produziert (außer dem wertlosen Papiergeld) aus dem Täuschungsmanöver als Gewinner hevorgeht, weil er Waren und Leistungen ohne Gegenleistung bekommen hat. Aber irgendwann wird den Leuten klar, dass sie für ihre Arbeit und ihre produzierten Güter immer weniger andere Güter bekommen; sie werden der sich beschleunigenden Preisinflation gewahr und versuchen vermehrt, die Geldzertifikate gegen echtes Geld (Gold und Silber) oder gegen Sachwerte (Immobilien) zu tauschen. Die Hyperinflation setzt ein, an deren Ende die Währungsreform steht – also das offizielle Eingeständnis der Wertlosigkeit der umlaufenden Geldzertifikate. Eine solche Wirtschaft kann nur Scheinblüten und Scheinreichtum erzeugen, alsbald aber muss sie schrumpfen und verarmen. Wachsen und wohlhabender werden kann eine Volkswirtschaft nur durch Mehrleistung – mehr produzieren als konsumieren; und Mehrleistung setzt Investitionen voraus, also Ersparnisse, echte Ersparnisse. Für Keynes war es ein „Paradoxon" (das „Paradox des Sparens"), dass eine Privatperson durch Sparen wohlhabend werden kann, eine Volkswirtschaft aber (in seiner Sicht) ärmer (wegen des geringeren Konsums). Dieses Paradoxon existierte aber nur in der Phantasie von Keynes; in der Wirklichkeit gibt es diesen Unterschied nicht. Genau wie jeder einzelne Mensch, so kann auch eine Volkswirtschaft als Ganzes nur durch Sparen (und Investieren des Ersparten) wohlhabend werden. Mehrkonsum erfordert Mehrproduktion – nicht wertlose und verlogene Papierversprechen auf Mehrproduktion. Wenn eine Volkswirtschaft aufgrund der papierenen Illusion mehr konsumiert als produziert, dann betreibt sie Kapitalverzehr. Und das bedeutet Verarmung und Elend.

Es gibt viele weitere keynesianische Mythen, denen die Ökonomen noch immer anhängen. Doch wollen wir es bei diesem Streifzug belassen. Freilich sollte man die Mainstream-Ökonomen nicht allein an den Pranger stellen. Nicht unerwähnt sollte bleiben, dass die Bürger der Industriestaaten die Wahrheit meist gar nicht hören wollen. Die relativ kleine Zahl der altehrwürdigen Volkswirtschaftler wird irgnoriert oder als manische Schwarzmaler und Miesmacher verhöhnt, während die Künder des bequemen und mit Papiergeld-Billionen gepflasterten (scheinbaren) Königsweges wie Gurus verehrt werden und medialen Kultstatus genießen. Rahim Taghizadegan trifft deshalb den Nagel auf den Kopf, wenn er sagt: „Jedes Volk hat die Ökonomen, die es verdient." Auch der amerikanische Ökonom Bill Bonner weist auf diesen Umstand hin, indem er schreibt: „Auf die eine oder andere Art wird der Teufel Schulden sein Recht fordern. Irgendwer wird bezahlen ..., wenn nicht der Kreditnehmer, dann mit Sicherheit der Kreditgeber. Aber wer glaubt daran? Die alten Wirtschaftswissenschaftler gibt es nicht mehr. John Maynard Keynes hat bestritten, dass die Schulden viel ausmachen. Und dann haben seine Nachfolger vergessen, dass sie überhaupt etwas ausmachen... Und jetzt glaubt die Masse der Ökonomen und Politiker sogar, das Problem der heutigen Wirtschaft bestehe darin, dass es nicht genug davon gibt – d. h. von den Schulden. Sie gehen davon aus, dass die Regierung sogar noch mehr Geld leihen und ausgeben sollte. Ihrer Ansicht nach liegt das ganze Geheimnis einer gesunden Wirtschaft darin, wie viel Geld die Leute ausgeben. Ja, das ist absurd, aber das heißt noch lange nicht, dass es unbeliebt ist. Die Leute geben gerne Geld aus. Und sie schätzen die Wirtschaftswissenschaftler, die ihnen sagen, dass sie das Richtige tun.“ Dem kann man nur hinzufügen, dass das Erwachen der Ökonomen und der Bürger ein böses sein wird, und dass der Veitstanz des jahrzehntelangen Konsumwahns auf Pump und der damit einhergehenden Kapitalvernichtung (die wohlgemerkt nur in einem fiat money-Regime möglich waren) auch ohne Krieg im Untergang der Zivilisation enden kann.

VII.
AKTUELLE WELTFINANZKRISE

1. Art der Krise

Was sich seit 2008 in der Welt der Banken und Finanzen, der Staatsbudgets und Unternehmensbilanzen abspielt, ist keine konjunkturelle Krise, keine Liquiditätskrise, keine Konsumkrise und keine Investitionskrise, keine Krise der Marktwirtschaft und keine Krise des Kapitalismus. Es ist eine Verschuldungskrise von welthistorischen Ausmaßen, verursacht vom Falschgeldsystem des papierenen fiat money und seinen Betreibern, den Regierungen und Zentralbanken. Mit Ozeanen aus Papiergeld und Krediten aus heißer Luft wurde eine globale und inflationäre Konsumorgie angeheizt, die nun zusammenbricht. Was die Völker jahrzehntelang vorausgefressen haben, werden sie nun jahrzehntelang nachhungern müssen. Übermäßig konsumieren – wozu auch weit ausgebaute staatliche Sozialsysteme gehören – kann man nur, indem man Kapital verzehrt. Dieser lange Zeit verborgen aber gleichwohl real ablaufende Kapitalverzehr wird nun auch nominal offenbar und nimmt die Form zermalmender Spiralen der Vernichtung von Scheinkapital und Scheinreichtum an, wobei auch echtes Kapital in das Mahlwerk gerät. Wohlstand kann nur durch Arbeit und Sparen entstehen – und übermäßiger Konsum und Verschuldung zerstören ihn. Schulden müssen irgendwann zurückgezahlt werden, wenn nicht freiwillig, so durch zwanghafte Umstände. Und wenn die Schuldner nicht mehr zahlen können, müssen die Gläubiger selber die Rückzahlung vornehmen, indem sie ihre Forderungen abschreiben – das heißt, indem sie ihre eigenen Ersparnisse verlieren. Dann müssen alle, um weiterleben zu können, das restliche Kapital verzehren, das in der Vergangenheit gebildet worden ist. Ein Verarmungsprozess ohnegleichen setzt ein. Das ist der Preis des künstlich erzeugten Hyperbooms: Der abgrundtiefe Niedergang. Was wir seit einiger Zeit erleben – und noch lange erleben werden, ist keine „Krise", sondern eine Zeitenwende, ein welthistorischer Absturz.

Was Sozialismus, Marxismus und Kommunismus in der westlichen Welt nicht geschafft haben, das haben die Völker und ihre politischen und geistigen Eliten von innen heraus angezettelt: Den drohenden Umsturz der Gesellschaft. Was Lenin erkannt hatte, nämlich dass man den Kapitalismus am leichtesten in den Zusammenbruch führen kann, indem man sein Geld zerstört, haben die sich „kapitalistisch" wähnenden Eliten selber in die Wege geleitet. Was schon seit über vierzig Jahren abläuft, nämlich der Kultur-Marxismus der Achtundsechziger-Revolution mit seiner Zersetzung der Strukturen und Institutionen der freien Gesellschaft – wie Erziehung, Familie, Recht, Medien und Religion –, das findet nun seinen „krönenden" Abschluss und seine „Vollendung" mit der beschleunigten Zerstörung dieser Institutionen vermittels monetärer Verelendung. Im Zuge der gigantischen Vermögensverluste und der mit hoher Wahrscheinlichkeit folgenden Hyperinflation und Währungsreform wird – wieder einmal – der Mittelstand ausgerottet, und damit das stabilisierende Fundament einer jeden freiheitlichen Gesellschaft. Mit der finanziellen Verarmung läuft, parallel zum Kultur-Marxismus, der Wirtschafts- und Finanz-Sozialismus ab – oder der „Staatsmonopolistische Kapitalismus", die radikale Antipode zum echten, privaten und freiheitlichen Kapitalismus: Schon sind zahlreiche Banken verstaatlicht, schon reden die politischen Figuren von einer „gemeinsamen Wirtschaftsregierung" (sprich: Weltregierung), schon reden die Ökonomen von einer

„gemeinsamen“ Währung (sprich: Welt-Zwangsgeld). Schon stehen die angeblichen „Kapitalisten“ der Konzernspitzen bei den Finanzministern mit dem Bettelstab an. Und als Begleitmusik des Schmierentheaters tönen die perversen Klänge vom „Versagen der Marktkräfte“ und vom „Versagen des Kapitalismus“. Dabei nennt man „Versagen“ oder „Unzureichendes Funktionieren“ ausgerechnet die Wirkungen jener marktwirtschaftlichen oder kapitalistischen Restkräfte, die nun versuchen, die von Politik und Falschgeldinstitutionen angerichteten unsäglichen Verzerrungen der Märkte, der Preise, der Produktionsstrukturen und Zeitpräferenzen wieder zurechtzurücken und den todkranken Suchtpatienten durch eine radikale Entziehungskur wieder genesen zu lassen.

Einer der ganz wenigen Lehrstuhlgrößen Deutschlands, die erkannt haben, dass mit der Markt- und Kapitalismus-Schelte der falsche Sündenbock geschlagen wird, ist der Bayreuther Professor für Politische Soziologie, Michael Zöller. In der FAZ vom 4. August 2009 publizierte er einen Artikel mit der Überschrift „Haben wir denn im Kapitalismus gelebt?“. Weil man Sätze wie die folgenden hierzulande so selten aus berufenem Munde hört, seien sie hier ausführlich zitiert: „Als vor wenigen Jahren die sogenannte Dotcom-Blase platzte, lag die Wertvernichtung bei mehr als dem Doppelten dessen, was man der jetzigen Finanz- und Wirtschaftskrise zurechnet. Dass diese Krise schon bald vergessen war, liegt daran, dass sie tatsächlich nach kapitalistischem Drehbuch verlief. Private und institutionelle Investoren verloren Geld, während alle anderen von den Folgen verschont blieben… Wie kam es zu der Hypotheken-Blase, die schließlich zu einer allgemeinen Wirtschaftskrise führte? ... Aus Sorglosigkeit wird Verantwortungslosigkeit, wenn der Zusammenhang zwischen Verhaltensweisen und Konsequenzen gelöst wird. Diese Entkoppelung bewirkt wohl kaum der Kapitalismus selbst, da er auf dem Prinzip der Gegenseitigkeit beruht und, wie seine Kritiker sagen, alle dazu bringt, sich misstrauisch zu beäugen und auf Nummer Sicher zu gehen... Tatsächlich sind die Anzeichen für Einwirkungen von außen ebenso zahlreich wie unübersehbar. Sie beginnen mit der uralten Auseinandersetzung um gutes Geld und schlechtes Geld... Die Regierung der Vereinigten Staaten nutzte die Banken Fannie Mae und Freddy Mac dazu, die Spuren politisch motivierter Darlehensvergabe aus ihren eigenen Büchern zu entfernen, erfand also das Instrument der Verbriefung ... – der Staat als Vorbild in kreativer Buchhaltung... Und schließlich betätigte der Staat sich als Verdunkler, der die Preissignale unterdrückte und die Spuren der Verantwortlichkeit verwischte... Wie steht es mit der Behauptung, der Kapitalismus sei als solcher nicht gesellschaftsfähig und schaffe aus sich heraus weder Moral noch Recht? Zunächst erzeugt die oft beklagte Kommerzialisierung erst das, was wir Gesellschaft nennen, indem sie das Prinzip durchsetzt, dass nur der belohnt werden soll, der die Interessen anderer im Auge behält... Zugleich erzwingt der Kapitalismus eine Verrechtlichung im zweifachen Sinne. Indem er den Einzelnen aus Strukturen der umfassenden Ein- und Unterordnung herauslöst und als Rechtssubjekt isoliert, verbindet er umgekehrt Handlungsfreiheit, Eigentum und Haftung, erzeugt also eine Kultur der Zurechenbarkeit und Verantwortlichkeit."

Zöller stellt als Politologe und Soziologe die meisten Kollegen der Nachbarfakultät Ökonomie in den Schatten, wenn er darauf hinweist, dass selbst dann, wenn wir etwas sicher zu wissen glauben – wie beispielsweise, dass es bei Banken und Automobilindustrie Überkapazitäten gibt –, nicht die politischen Macher für neue Strukturen sorgen können, sondern nur der Markt. Und zwar einerseits, weil allein die unzähligen Signale des Marktes die „Optimale Allokation der Ressourcen" wiederherstellen können, und andererseits, weil solche (oft radikalen) Veränderungen nur dann moralisch vertretbar sind, wenn sie nicht als absichtlich herbeigeführte parteipolitische Operationen erscheinen, sondern als Ergebnis der anonymen Marktkräfte. Indem die Politik solche „schöpferischen Zerstörungen" (Schumpeter) so lang als möglich verhindert, setzt sie mit dem späteren (und dann umso dringlicher erscheinenden) Eingreifen nicht nur das Geld der Steuerzahler aufs Spiel, sondern macht den Staat auch psychologisch für die wirtschaftlichen Folgen der politisch motivierten Entscheidungen haftbar. Ganz zu schweigen davon, dass der Staat damit in ein Dickicht von Interessenkonflikten gerät, denn sein Eingreifen zugunsten bestimmter Gruppen muss notwendigerweise zu Lasten anderer Interessengruppierungen gehen. Wer z. B. die Produktion inländischer Automobile subventioniert, schädigt nicht nur ausländische Hersteller, sondern auch die Produzenten von Fahrrädern, die Betreiber des Schienenverkehrs und jene Arbeitsmarktsegmente, die freiwerdendes Personal aus der Automobilindustrie hätten aufnehmen können. Viele weitere Geschädigte wären zu nennen, nicht zuletzt die Steuerzahler ganz allgemein. Zöller schließt mit dem Satz: „Nicht Globalisierung oder Neoliberalismus haben uns in diese Lage gebracht, sondern der Versuch, Logik und Moral des Kapitalismus außer Kraft zu setzten. Dass dies auf Dauer nicht gelingen kann, ist ein geringer Trost." Man wünscht sich mehr, viel mehr solcher Stimmen im deutschen Blätterwald. Doch sucht man sie fast immer vergebens.

2. Wer ist schuld?

Mit der wachsenden Wucht der Krise schwoll auch die Zahl der schuldig gesprochenen Personen und Institutionen immer weiter an. Dabei kommt es zu Kuriositäten, wie bspw. der Behauptung des Ökonomen und Nobelpreisträgers Paul Krugman, der in einem *New York Times*-Artikel allen Ernstes schrieb, an den weltweiten Finanzproblemen seien die Chinesen mit ihren niedrigen Exportpreisen schuld – also ausgerechnet jene hochproduktiven Arbeiter und fleißigen Sparer, die dem US-Schatzamt wertlosen Papiergeld-Schrott in Billionensummen und im guten Glauben abgekauft haben, dafür später echte Vermögenswerte erwerben zu können. (Gewiss, die chinesische Regierung betreibt statt freier Märkte eine ziemlich dumme Form der nicht-sozialistischen Wirtschaft, nämlich Merkantilismus; aber diese infantilistische Form der Ökonomie spukt auch in den Hirnen westlicher Politiker seit dem 17. Jahrhundert). Als einer der eifrigsten Schuldzuweiser betätigte sich der amerikanische Nobelpreisträger und „Starökonom" Joseph Stiglitz. Sein Artikel „The Anatomy of a Murder: Who killed America's Economy?" (*Critical Review*) steht stellvertretend für eine nicht mehr überschaubare Fülle an ähnlichen Ausführungen in den Medien der westlichen Welt. Zu den Mitschuldigen an der großen Krise zählt Stiglitz den früheren US-Finanzminister und Bankenberater Robert Rubin, sowie den ehemaligen Fed-Chef Alan Greenspan. Sie seien verantwortlich für das Vorantreiben der Deregulierungs-Ideologie in den USA. Greenspan habe zu allem Übel auch noch die Eigenheimbesitzer zur Aufnahme hochriskanter Hypotheken ermuntert, sowie die Steuererleichterungen für die Reichen unterstützt. Mitschuldig ist nach Stiglitz auch Ex-Präsident George Bush wegen seines Irak-Krieges, der riesige Geldmengen gekostet und permanent niedrigere Zinsen erforderlich gemacht habe. Ihr Fett bekommen auch die US-Börsenaufsicht SEC und andere Regulierungs- und Aufsichtsbehörden ab, weil sie die Risiken in den neuen strukturierten Finanzprodukten nicht erkannt und sich zu sehr auf die Selbstregulierungskräfte des Marktes verlassen hätten. Auch die Kartellbehörden zählt Stiglitz zu den Versagern, weil sie die Banken zu groß werden ließen („too big to fail"). Als Hauptschuldige an der Krise identifiziert Stiglitz die Banken und ganz allgemein den Finanzsektor mit seinen Investoren. Die Banken hätten nicht nur die Risiken falsch eingeschätzt, sondern sie sogar selbst erzeugt. Auch die Hypothekenvermittler spielten eine zentrale Rolle, weil sie jede übliche Vorsicht über Bord geworfen hätten, um die Volumina ihrer Ausleihungen bedenkenlos ausweiten zu können. Das politische System der USA, so Stiglitz, zähle ebenfalls zu den Schuldigen, speziell seine Abhängigkeit von Wahlkampfspenden. Damit sei der Wallstreet ein enormer Einfluss auf die Politik gewährt worden. Nicht zuletzt rechnet er auch seine Kollegen in der Wirtschaftswissenschaft zu den Sündenböcken. Sie hätten mit ihren unrealistischen Modellen die Argumente für Deregulierung und für mangelnde staatliche Kontrollen geliefert und somit zum Versagen der Aufsichtsorgane beigetragen.

Es mutet seltsam an, dass der Herr Star-Ökonom (wie auch die meisten seiner Kollegen) bei der Benennung der Schuldigen stillschweigend unterstellt, alle Beteiligten am Wirtschaftsprozess (alle!) – und alle zugleich! – seien plötzlich verantwortungslos, gierig, sorglos, unvorsichtig, maßlos, korrupt und hysterisch geworden. Man muss schon mit ideologischer Blindheit geschlagen sein, hinter einem solchen globalen Massenphänomen keine tiefere Ursache und keine „systemisch" Letzt-Schuldigen oder gravierende Systemfehler zu vermuten. Ganz im Bann dieser Blindheit rührt auch Stiglitz mit keinem Wort an die eigentlichen Quellen des Rausches, mit welchem die Sinne aller beteiligten Menschen vernebelt, alle Institutionen und deren Manager korrumpiert und alle politischen Kasten in den Veitstanz einer Weltverschuldung ohnegleichen geführt wurden. Und diese ultimativen

Quellen sind das fiat money, das Zentralbankwesen und das Bruchteilsreserve-Bankwesen, die den giftigen Brei aus Falschgeld ausgespien haben, der nunmehr die ganze Erde bedeckt und alle Völker unter sich zu ersticken droht. Dass in diesem Tsunami aus Geld, Liquidität, Kredit und Schulden die Akteure – Anleger, Finanzintermediäre, Banken, Fonds, Investoren und Konzernmanager – ihren Halt verlieren, ins Taumeln geraten und ihre Prinzipien über Bord werfen, ist nicht nur verständlich, sondern eingedenk der menschlichen Schwächen und Sehnsüchte sogar ein zwangsläufiges Ergebnis. Auf einem anderen Papier steht die Tatsache, dass es bei diesem irrwitzigen Spiel nicht nur Verführte und Irregeleitete gab und gibt, sondern natürlich auch Machtmenschen in Politik und Großfinanz, die das papierene Weltkasino ganz bewusst anheizen und für ihre Zwecke missbrauchen (s. Kapitel ‚Geld und Macht').

Es sind, wie bereits erwähnt, zwei morsche sozialistische Grundpfeiler, die man der Marktwirtschaft untergeschoben hat und die das Gebäude des Kapitalismus zum Einsturz bringen werden: Das staatsmonopolistische und ungedeckte Papiergeld – und die zentralplanwirtschaftlich manipulierten Zinsen. Solange das Geld staatlich ist – also auf Zwang und Konkurrenzlosigkeit beruht, kann es nirgendwo auf der Welt einen Kapitalismus geben, der diesen Namen verdient. Eine kapitalistische Wirtschafts- und Gesellschaftsordnung mit sozialistischem Geld und sozialistischem Zinsdiktat: Das wird immer ein Junkie bleiben, der sich nur mit zunehmenden Drogengaben wohlfühlt, um letztlich doch zusammenzubrechen. Jeder noch so gesunde marktwirtschaftliche Wirtschaftskörper wird auf längere Sicht von der sozialistischen Droge namens *Staatliches Zwangs-Papiergeld* krank gemacht und ruiniert. Zusätzlich grassiert der polit-ökonomische Keynes-Virus als eine Art Aids des Kapitalismus. Seit Abschaffung des

Goldstandards und der nachfolgenden keynesianischen Verirrung des politischen und ökonomischen Denkens haben die westlichen Industriestaaten keinen Kapitalismus mehr, sondern eine Ökonomie, die aus einem halbkapitalistischen Körper (= staatsversumpftem Kapitalismus) mit sozialistischem Blutkreislauf (= ungedecktem Papiergeld) und sozialistischen Wegweisern (= planwirtschaftlich fixierten Zinsen) besteht. Die schwere Erkrankung verläuft als euphorisches Siechtum. Und die diesem System entsprechende Nationalökonomie ist keine Wissenschaft mehr, sondern ein Voodoo-Quacksalbertum von beschämender Ignoranz.

Obwohl der monetäre Sozialismus mit seinen Hauptkomponenten fiat money und Zinsplanwirtschaft (betrieben von den Regierungen und ihren Zentralbanken) die ursächliche Quelle allen beschriebenen Übels ist, sollte man nicht einfach „dem Papiergeld" oder „der Zentralbank" die Schuld an den Finanz- und Wirtschaftskatastrophen der Vergangenheit und an der aktuellen Weltdepression zuweisen. Ein bestimmtes Material oder ein Organisationsmuster als Abstraktum kann ursächlich für etwas sein, aber nicht „schuldig" im moralischen oder rechtlichen Sinne. Schuld aber, große Schuld lastet auf denjenigen Gruppierungen und Interessenkartellen, die das fiat money und das Zentralbanksystem eingeführt haben und seit einem Jahrhundert betreiben. Es dient diesen Kreisen als ideales Instrument zur unaufhörlichen Ausbeutung der Fleißigen und Strebsamen (vor allem des Mittelstandes in der Bevölkerung), zur heimlichen Besteuerung in unvorstellbarem Ausmaß, zur Machtbeschaffung via Bestechung, zur Unterwerfung der Menschen in unentrinnbare Abhängigkeitsverhältnisse – und nicht zuletzt zur Finanzierung von Kriegen und der Errichtung von Imperien. Schuld trifft auch die Ökonomen, die es besser wissen müssten – und vielfach auch besser wissen, die aber das zerstörerische System nicht anprangern, sondern es sogar noch loben und als alternativlos darstellen.

Wie genau und umfassend so manche Betreiber des teuflischen Systems Bescheid wissen über das, was sie tun, kann man einem Artikel entnehmen, den Alan Greenspan im Jahr 1966 in der Zeitschrift *The Objectivist* publiziert hat. Darin ist – unter vielen anderen Einsichten – zu lesen: „Die Finanzpolitik des Wohlfahrtsstaates erfordert es, dass es für die Besitzer von Vermögen keine Möglichkeit gibt, sich zu schützen… Das ist das schäbige Geheimnis der Tiraden der Wohlfahrtsstaatler gegen das Gold. Deficit spending (Schuldenfinanzierte Staatsausgaben) ist einfach eine Methode der Enteignung von Vermögen. Gold steht diesem hinterhältigen Vorgang im Weg. Es steht als Beschützer der Eigentumsrechte. Wenn man das begriffen hat, so hat man keine Schwierigkeit mehr, die Feindschaft der Planwirtschaftler gegen den Goldstandard zu verstehen." Nun könnte man das für eine „Jugendsünde" Greenspans halten. Dem ist jedoch ganz und gar nicht so. Als er während seiner Amtszeit als Vorsitzender des Federal Reserve Systems vom Abgeordneten Ron Paul gefragt wurde, ob er nicht wünschte, solche Passagen nie geschrieben zu haben, antwortete Greenspan, er sehe keinen Grund, auch nur ein Wort seiner damaligen Ausführungen zurückzunehmen. Der monetäre Sozialismus in Form des ungedeckten Papiergeldes und der Zinsmanipulation ist jedoch nicht nur ein moralisches Desaster und ein schweres Verbrechen an der Menschheit (Professor Jörg Guido Hülsmann hat mit ‚Die Ethik der Geldproduktion' ein ganzes wissenschaftliches und brillantes Buch darüber geschrieben), sondern liefert auch die Mechanik und die Scheingeldmassen, mit denen die Volkswirtschaften der Welt seit einem Jahrhundert in Booms und nachfolgende Zusammenbrüche geführt werden und auf diese Weise schwerste finanzielle Schäden und unendliches Leid über die

Welt bringen. Ganz zu schweigen vom Verlust der Freiheit, der regelmäßig mit dem „Rettungs“-Gewürge der Staatsorgane einhergeht – bis hin zur Anzettelung großer Kriege zur Ablenkung der Bevölkerung.

Es gäbe eine ganz einfache Lösung, das Aufblähen gigantischer Blasen und deren anschließendes Platzen ein- für allemal aus der Welt zu schaffen, nämlich gesundes Geld. Echtes, gesundes Geld kann jedoch nur der Markt liefern, und der gültige Preis des Geldes (Zins) kann ebenfalls nur am Markt ermittelt werden. So wenig wie irgendjemand – auch nicht der klügste Mensch der Welt – wissen kann, was der „richtige Preis“ und die „richtige Menge“ und die „richtige Art“ des Käses ist, der in einer Volkswirtschaft benötigt und gewünscht wird, so wenig kann jemand wissen, was die entsprechend richtigen Parameter für Geld und Kredit sind. Herausstellen kann sich das nur auf freien Märkten. Wer das nicht einsieht oder nicht einsehen will, macht sich götzenhafter Anmaßung schuldig. Und entsprechend tief wird der Fall sein, der solcher Hybris folgt. Welcher Abgrund sich dabei auftut, mag man bei dem Gedanken ermessen, dass es hauptsächlich nur zwei Männer waren (George W. Bush mit seinem Irak-Krieg und Alan Greenspan mit seinen Dollar-Billionen), die ausgerechnet zum Zeitpunkt der größten Machtenfaltung der USA in der Weltgeschichte – nämlich nach dem Fall der Sowjetunion – den Zerfall ihrer Nation eingeleitet haben. Bill Bonner hat die an den Zerfall des Römischen Reichs erinnernde Ungeheuerlichkeit in die Worte gefasst: „Was diese beiden Männer erreicht haben, ist vermutlich die größte Leistung der menschlichen Geschichte. Sie haben das reichste und mächtigste Land, das die Welt je gesehen hat, im Grunde genommen ruiniert – und das in nur fünf Jahren.“

VIII.
RETTUNG?

1. Das „Rettungs"-Desaster

Die BIZ (Bank für Internationalen Zahlungsausgleich / Zentralbank der Zentralbanken) hat errechnet, dass die Rettungsprogramme von 11 maßgeblichen Staaten – darunter natürlich auch die USA, Großbritannien und Deutschland – im Sommer 2009 die Summe von fünf Billionen Euro (Fünftausend Milliarden Euro) erreicht hatten. Das entspricht fast 20 % der addierten Sozialprodukte der betroffenen Länder. Allein das Haushaltsdefizit der USA für das per 30. September beendete Fiskaljahr 2009 wurde mit 1,4 Billionen (trillion) Dollar ausgewiesen. Die echten Zahlen sind jedoch viel höher. Die US-Staatsausgaben für die Krisenpakete 2008/2009 lagen zum gleichen Zeitpunkt mit über 4 Billionen (Viertausendundeinunddreißig Milliarden) Dollar bereits wesentlich höher (nominell) als die US-Ausgaben für den Zweiten Weltkrieg (3.600 Milliarden). Die von der US-Regierung und dem Federal Reserve ausgegebenen, verliehenen und garantierten Beträge waren zu diesem Zeitpunkt auf rund 13 Billionen (trillion) Dollar aufgetürmt, eine Summe, die fast an das US-Sozialprodukt (BIP) des Jahres 2008 heranreichte. Das ergab einen Betrag von über 42.000 Dollar je Kopf der Bevölkerung. Diese „Rettungsblase" ist die größte aller Blasen. Wenn sie platzt, kann die Menschheit nur noch beten.

Festzuhalten bleibt, dass man mit dieser Ausgaben- und Verschuldungs-Orgie den Problemen begegnen will, indem man eine noch größere Ladung jenes Pulvers verschießt, mit welchem die vorangegangenen Ungleichgewichte und Übertreibungen erst geschaffen wurden. Schon 1998 wurde von der US-Notenbank monetärer Treibstoff in einen Aktienmarkt gegossen, der bereits Blasencharakter angenommen hatte. Auch die (damals noch halbstaatlichen, heute ganz verstaatlichten) Hypotheken-Giganten Fannie und Freddie wurden angehalten, Hunderte von Milliarden Dollar in den Hypothekenmarkt für Eigenheime zu leiten. In der ersten Hälfte des Jahres 1999 schoss die Fed erneut riesige Liquiditätsmassen in das Finanzsystem, um vermuteten Störungen beim bevorstehenden Jahrtausendwechsel vorzubeugen. 2001 senkte sie die Zinssätze drastisch und flutete das Geldangebot, um befürchtete Effekte der geplatzten Aktien-Blase zu dämpfen. Damit wurde beim aufkeimenden Immobilienboom die Turborakete gezündet. Weitere massive Stimulierungen erfolgten als Reaktion auf die Anschläge vom September 2001 (Twin Towers). Von 2001 bis 2002 wurde die Fed von prominenten Ökonomen (u. a. Paul Krugmann) aufgefordert, eine Immobilien-Blase zu erzeugen, um die Auswirkungen des scharf eingebrochenen Aktienmarktes zu mildern. Etwa zur gleichen Zeit tat einer der damaligen Fed-Direktoren (Bernanke) kund, zu wissen, dass die US-Notenbank erforderlichenfalls jede Geldmenge schaffen werde, die notwendig sei, um den Immobilienboom nicht enden zu lassen. Daraufhin nahmen die Hypotheken-Kreditaufnahmen den Charakter von Orgien an. Bis ins Jahr 2005 hinein blieb die Geldpolitik auf dem Beschleunigungspedal und der Immobilienboom ging in die Blasenphase über. Als dann zwischen 2007 und 2009 mit spektakulären Zusammenbrüchen und Schieflagen im Banken- und Finanzsektor die große Krise anbrach und sich weltweit ausbreitete, wusste man dem nichts anderes entgegenzusetzen als „Dasselbe wie gehabt, nur wesentlich dicker", eine Superblase mit „Rettungspaketen" in Billionenhöhe. Wem bei ihrem Anblick nicht schaudert, der braucht auch vor Atombomben keine Furcht mehr zu haben. Es bleibt zwar ungewiss, ob diese „Big Daddy-Blase“ unter Anrichtung furchtbarer Verwüstungen platzten wird – oder ob sich ihre giftigen Gase langsam entladen und zu einem jahrzehntelangen Dahinmarodieren nach dem Muster Japans führen werden, aber dass die finanziellen, wirtschaftlichen, politischen und gesellschaftlichen Schäden damit um ein Vielfaches größer werden, steht fest. (Dass man das Desaster in diametraler Umkehrung der Wahrheit dem Markt und dem Kapitalismus anlasten wird, ist ebenfalls traurige Gewissheit.)

Prinzipiell bedeutet der politische Masterplan, den Einsturz des Finanzsystems mit weiteren astronomischen Geld- und Kreditsummen aufhalten zu wollen, nichts anderes als Kapitalvernichtung in ungeheuerem Ausmaß und das Löschen von Feuer mit Benzin. Er hat ferner die Konservierung von längerfristig unhaltbaren Produktions- und Finanzstrukturen auf Kosten effizienterer Unternehmen zur Folge, die Prämierung von Hasardeuren mit dem Geld aus den Ersparnistöpfen fleißiger Bürger, die Vergeudung von Vorsorgevermögen zugunsten maroder und korrupter Polit-Finanz-Komplexe, die Zwangsüberschuldung ganzer Generationen zugunsten verschwenderischer Bankrotteure, die millionenfache Subventionierung sinnloser Tätigkeiten zu Lasten unterbleibender effizienter Arbeitsleistungen – und nicht zuletzt die schleichende Sozialisierung der Wirtschaft und den mit dem Etikett „Notwendige Kontrollen“ getarnten Marsch in den totalen Staat. Von den Fernsehschirmen freilich flimmert ganz anderes – und in Millionen Zeitungen kann man lesen, die Rettungsmaßnahmen der Regierungen und Zentralbanken hätten segensreiche Wirkungen gezeitigt und dafür gesorgt, dass nunmehr das Schlimmste vorüber sei. Es kann deshalb der Eindruck entstehen, bei der vorstehend dargelegten Sicht handele es sich um eine „einsame Außenseitermeinung“. Um zu belegen, dass dem keineswegs so ist, seien nachfolgend die einschlägigen Stimmen einiger der besten Kenner der Materie vorgestellt; Stimmen, die natürlich in den Mainstream-Medien systematisch ausgeblendet werden:

Gerald Celente (Gründer und Leiter des berühmten *Trends Research Institute* im Staat New York, in seinem Interview „Die Wallstreet hat Washington geentert", *smart investor*, Heft 9, 2009): „Das Finanzministerium ist schon traditionell unter der Kontrolle von ehemaligen Angestellten der Finanzbranche, wie man an dem jetzigen Finanzminister Timothy Geithner oder seinen Vorgängern Henry Paulson und Robert Rubin erkennen kann. Unter der Propagandabezeichnung ‚Too big to fail' nahmen diese Leute 2008 mehrere hundert Milliarden Dollar an Steuergeldern und verteilten das Geld zwischen den großen Finanzinstituten. Nachdem diese 81 Milliarden Verlust verkündet hatten, gönnten sie sich 32,6 Milliarden an Bonuszahlungen. Das ist der größte Raub, der in der amerikanischen Geschichte jemals passiert ist."

Llewellyn H. Rockwell, Jr. (Leiter des *Ludwig von Mises Institute* in Auburn, Alabama, in seinem Artikel „The Great Fakeroo Recovery", *lewrockwell.com* v. 9.9.09): „Fast alle glauben jetzt daran, dass das Schlimmste vorbei sei. Es gibt zwei grundsätzlich verschiedene Arten der Erholung von einer Rezession oder Depression: Die eine kommt von innen, von den Marktkräften; die andere kommt von außen, von gepumpten Geldmengen. Erstere ist nachhaltig und die Basis künftigen Wachstums, die andere hält nur so lange wie die Geldpumperei dauert. Man sollte sogar die Arbeitslosigkeit nicht künstlich zu verhindern suchen, denn im Prinzip werden die Jobs in maroden Branchen und Unternehmen verloren und in zukunftsträchtigen neu geschaffen. Es braucht nur Zeit. Besonders der Finanzsektor und seine angebliche ‚Erholung' ist künstlich – mit Billionen Dollars – aufgeblasen. Die

Antwort der Politik auf den Zusammenbruch war die kurzsichtigste und irrationalste in der gesamten Menschheitsgeschichte. Der ganze Schein- und Illusionszirkus wurde im Rahmen des Obama-Kults veranstaltet. Dass natürlich auch die Giganten der Finanzindustrie die Billionen-Schüsse begrüßen, versteht sich von selbst.“

Andrew Gavin Marshall (Forschungs-Wissenschaftler des *Centre for Research on Globalization* in seinem Artikel „Entering the Greatest Depression in History“, *lewrockwell.com* v. 8.8.2009): „Alle diese fiat money-Massen können den Tag der Abrechnung nur hinausschieben. Und sie machen ihn schlimmer und schlimmer. Leichtes Geld, leichter Kredit, leichte Ausgeberei und massive Verschuldung haben die Welt in die gegenwärtige Krise geführt. Dasselbe oder mehr davon ist gewiss nicht die Lösung. Dieses auf Schulden beruhende monetäre System, gelenkt und gemanagt von den Zentralbanken, ist unhaltbar. Das ist die größte Blase, die Blase aus systematischer Verschuldung. Wenn sie platzt – und sie wird platzen –, werden wir in die größte Depression der Weltgeschichte eintreten.“

Bill Bonner (Amerikanischer Finanzautor und Präsident der *Agora Inc.* mit einem der größten Publikums-Informationsbriefe der Welt, in seinem Artikel „Stitch in Time“, *lewrockwell.com* v. 10.08.2009): „Da weder der private noch der öffentliche Sektor irgendwelche Ersparnisse aus der Vergangenheit hat, muss die zusätzliche Nachfrage (für die „Rettungsmaßnahmen“) in beiden Sektoren von der Zukunft geborgt werden. Die beste Demonstration dafür, wie das geht, ist das Programm ‚Abwrackprämie für Autos‘. Es ist so, als würde das Jahr 2010 nie kommen und als könnten sie die Sonne und die Jahreszeiten stoppen. Aber je mehr die Ökonomen die Zukunft einfangen wollen, desto weiter rückt sie weg. Wenn die Verkäufe von 2010 auf 2009 vorverlagert sind, müssen wir an die Verkäufe des Jahres 2011 und 2012 usw. gehen – bis zum Ende aller Zeiten."

Peter Schiff (Amerikanischer Autor, Präsident der Brokerfirma *Euro Pacific Capital*, bekannter Fernsehgast in amerikanischen Finanz-Sendungen, Kandidat für die U.S.-Senatswahl 2010, in seinem Artikel „Happy Days Aren't Here Again", *lewrockwell.com* v. 1.8.2009): „In jedem Boom werden Fehlinvestitionen getätigt. Diese müssen anschließend von den Marktkräften bereinigt werden. Wenn man die Bereinigung mit Stimulierungen verhindert, werden ineffiziente Firmen am Leben erhalten, was den effizienten Firmen Kapital vorenthält, das sie für ihr Wachstum dringend bräuchten. Außerdem: Indem man überbewertete Vermögenswerte hochhält, verhindert man, dass ihre Preise sinken und klügere und tüchtigere Leute sie erwerben können. Man erzwingt ein Preisniveau oberhalb der Realität. Indem man die Zinsen künstlich tiefhält, entmutigt man die Sparer und die Ersparnisse fehlen, die gerade in Krisen so wichtig sind zur Kapitalbildung und für künftiges Wachstum. Die falschen Signale verhindern die Reallokation von Ressourcen in Richtung mehr Effizienz – und führen stattdessen zu weiteren Fehlentscheidungen beim Ressourceneinsatz. Und die riesigen Schuldenberge verdrängen die privaten Unternehmen von den Kapitalmärkten. Das alles macht die Rezession zur Depression."

Jörg Guido Hülsmann (Ökonomie-Professor an der Universität von Angers, Frankreich, in seinem Artikel „Sparen, Sparen, Sparen", in: *ef-magazin* Nr. 97, November 2009): „Sparen ist die unverzichtbare Voraussetzung des Investierens. Es gibt schlicht und einfach keine Investition, die nicht aus Erspartem finanziert wird. Die Sparquellen sind zwar verschieden – in einer idealen, vollkommen freien Wirtschaft gäbe es nur freiwilliges Sparen, während es in der interventionistischen Wirklichkeit auch erzwungenes Sparen gibt –

aber in keinem Fall kann es Investieren ohne Sparen geben. Je mehr gespart wird, desto mehr kann also auch investiert werden. Gerade in der Wirtschaftskrise ist das Sparen von größter Bedeutung. Eine Krise ist die Folge einer umfangreichen Fehlverwendung der verfügbaren Ressourcen (vor allem Arbeit und Rohstoffe). Zur Bewältigung der Krise müssen die Ressourcen anders verwendet werden als bisher. Es müssen andere Maschinen gebaut, andere Fabriken errichtet und andere Konsumgüter produziert werden als zuvor. Aber das geht nur, wenn genügend Ersparnisse (nicht verbrauchte Konsumgüter) zur Entlohnung derjenigen bereitstehen, die bei der Umsetzung dieser neuen Produktionspläne mitwirken. Das Hauptproblem bei der Bewältigung der Krise ist somit die Knappheit des Ersparten. Die einzige Lösung ist zusätzliches Sparen – echtes Sparen (das heißt Sparen unter Konsumverzicht), nicht jenes falsche Sparen, das durch die Betätigung der Notenpresse hervorgerufen werden kann."

Pierre Bessard (Präsident des *Liberalen Instituts*, Zürich, in der *Handelszeitung* vom 18.03.2009): „Wenn ... die Regierung mit dem Banknotendrucker und ungezügelten Mehrausgaben tatsächlich die Wirtschaft ankurbeln, stimulieren oder auch nur ‚stabilisieren' könnte, dann müsste man sich die Frage stellen, warum wir Bürger uns überhaupt noch bemühen, in der Privatwirtschaft einen greifbaren Mehrwert zu schaffen. Die Wahrheit ist natürlich nach wie vor: ‚There is no such thing as a free lunch'. Der Staat kann nämlich keinen Rappen ausgeben, den er nicht auf die eine oder andere Weise dem Privatsektor entnimmt. All die großzügigen Konjunkturprogramme , die nun der verunsicherten Öffentlichkeit präsentiert werden, werden wir schon in absehbarer Zeit durch eine niedrigere Kaufkraft und eine höhere Steuerbelastung bezahlen müssen. Am Ende des Tages ist es nicht die Politik, sondern der Bürger, der die Zeche für eine Erhöhung der Staatsausgaben, eine eskalierende Ausweitung der Geldmenge und die darauf folgenden Verzerrungen im Bankensektor bezahlt."

Philipp Bagus (Assistenzprofessor an der Universität Rey Juan Carlos in Madrid, in seinem Artikel „Preisverfall als Gefahr oder Rettung?", *ef-magazin* Nr. 89, Februar 2009): „Bei den Verhinderungsbemühungen („Rettungspakete") wird gutes Geld dem schlechten hinterhergeworfen (Verschwendung von Kapital und Ersparnissen). Auch wird die Anpassung der Produktionsstruktur verhindert. Woher kommt das Geld? Es kann nur aus höheren Steuern oder einer höheren Verschuldung kommen. In beiden Fällen werden private Ersparnisse umgeleitet in Steuern und Staatsanleihen. Diese Ersparnisse werden dringend in der Wirtschaft gebraucht und nicht dort, wo die Politik sie hinlenkt. Es wird schlicht der Wohlstand eines Teils der Bevölkerung zerstört, um den (notwendigen!) Bankrott eines anderen Teils der Bevölkerung zu verhindern. Diese Umverteilung wird hinter dem monetären Schleier der expansiven Geldpolitik verborgen. Die Krise wird verschärft und verlängert. Letztlich wird kein Weg an der Bereinigung vorbeiführen. Aber diese Bereinigung wird umso schlimmer, je mehr man sie zu verhindern sucht."

Ron Paul (Abgeordneter im US-Repräsentantenhaus, Kandidat bei der Präsidentschaftswahl 2008, in seinem Artikel „Stop Intervening in the Economy", *lewrockwell.com* v. 3.3.2009): „Das Fractional-reserve banking ist vollständig vom Vertrauen in die Banken abhängig, die Einlagen zurückzahlen zu können. Wenn dieses Vertrauen wankt, bricht das Kartenhaus zusammen. Wenn Banken nur maximal 10 % der Einlagen als Reserven halten müssen, ist das System grundsätzlich insolvent. Ein solches System kann nicht gerettet werden – außer auf Kosten einer massiven Geld- und Kreditschöpfung, die in eine Hyperinflation führt und die gesamte Wirtschaft zerstört. Das globale Finanzsystem muss grundlegend erneuert werden. Die Fed kann nur noch entweder ihre Luftgelder zurückführen (dann krachen die Banken), oder weiterführen (dann folgt Hyperinflation). Hätte die Fed vor 18 Monaten nicht interveniert, hätten wir vielleicht jetzt schon Ansätze einer Erholung. Solange wir nicht lernen, dass Staatsinterventionen niemals die Wirtschaft heilen, sondern nur Schaden anrichten können, werden wir nie eine stabile Wirtschaft haben oder auf den Weg zu einer echten Erholung kommen."

Gary North (Amerikanischer Autor, gelehrter Ökonom, Historiker und Theologe, in seinem Artikel „Soros on Main Street and Wall Street", *lewrockwell.com* v. 28.03.2009): „Die Welt braucht mehr Kapital, nicht größere Zahlen. Das Jonglieren mit Zahlen und Zinsziffern lockt Investoren und Konsumenten in Schuldenfallen, weil es die Informationen der (relativen) Preise verfälscht. Die Zerstörung von Kapital ist das Erbe von Steuer-, Geld- und Subventions-Politiken der Regierungen und ihrer Verbündeten, der Zentralbanken. Überall auf der Welt hat diese unheilige Allianz Kapital vernichtet. Diese Meister der Zahlen werden es auch jetzt nicht richtig machen. Der digitale Betrug geht weiter."

Norbert Berthold (Professor für Volkswirtschaftslehre an der Universität Würzburg, Mitglied des Wissenschaftlichen Beirats beim Bundesministerium für Wirtschaft und Technologie, in seinem Artikel „Strukturwandel statt Staatsverschuldung", Ordnungspolitischer Blog *Wirtschaftliche Freiheit* v. 3.12.2009): „Die meisten Wunschträume auf den Arbeitsmärkten werden auch hierzulande nicht in Erfüllung gehen. Der gewaltige wirtschaftliche Einbruch wird die Beschäftigung spürbar in Mitleidenschaft ziehen. Es steht zu befürchten, dass der Aufschwung schmerzhaft und langwierig sein wird: Viele Steine, wenig Brot. Im Schlafwagen kommt man nicht zur Vollbeschäftigung. Kontraproduktiv wäre auch eine

Politik gegen den Markt. Die beschäftigungspolitischen Lasten lassen sich weder über Protektion noch Intervention unter den Teppich kehren. Es wird auch mit noch so ausgeklügelten makro-ökonomischen Aktivitäten und Maßnahmen der aktiven Arbeitsmarktpolitik nicht gelingen, die Lasten zu verringern. Die eingetretenen Kapitalverluste müssen getragen werden. Aus dem Schlamassel kommt nur, wer bereit ist, auf den Markt zu setzen und den strukturellen Wandel zu fördern. Das ist zwar kurzfristig schmerzhaft, garantiert aber schon mittelfristig nachhaltige Besserung."

Pascal Salin (Professor emeritus für Ökonomie an der Universität Paris-Dauphine, ehemaliger Berater für den Internationalen Währungsfonds und andere internationale Organisationen, in seinem Beitrag: „Falsche Antworten auf die Krise", in: Christian Hoffmann, Pierre Bessard (Hrsg.): ‚Aus Schaden Klug? Ursachen der Finanzkrise und notwendige Lehren‘, Edition Liberales Institut, Zürich 2009): „Es ist paradox und sogar tragisch, dass einerseits die Finanz- und Wirtschaftskrise dem Funktionieren der Märkte angelastet wird, obwohl sie von einer schlechten Geldpoltik verursacht wurde, und andererseits Lösungen von der Poliltik erwartet werden, obwohl gerade jetzt Vertrauen in das Funktionieren der Märkte angebracht wäre. Angesichts der ideologischen Dauerberieselung, der die öffentliche Meinung unterliegt, ist es verständlich, dass sich die Politiker nun in die Bresche werfen – sie wollen als die tapferen Retter in der Not erscheinen. Die Opfer der Politik sind aber letztlich die Bürger selbst. Heute beschließen Staaten rund um den Globus die ‚Mobilisierung‘ hunderter von Milliarden, um Banken vor dem Konkurs zu retten, um in Schwierigkeiten geratene Unternehmen zu stützen, um Kaufkraft künstlich zu erhöhen – all dies, obwohl sie überhaupt nicht wissen, welche Anpassungen der Produktionsstrukturen tatsächlich notwendig wären, um ökonomische Gleichgewichtszustände wiederzufinden. Sie schaffen so keinen Reichtum, sondern verteilen lediglich die von den Bürgern geschaffenen Ressourcen um. Für die Finanzierung ihrer irrwitzigen Ausgaben greifen die Staaten dann zurück auf die Besteuerung – und verringern damit die Kaufkraft der Bürger – oder auf Anleihen, und verringern damit die für Investitionen notwendigen Ressourcen. So kann man sich letztlich nur die Frage stellen, wo die politischen Persönlichkeiten bleiben, welche aufrichtig bekennen: „Wir maßen uns nicht an zu wissen, wie die Krise überwunden werden kann, nur die Märkte können das wissen – wir verlassen uns darum in dieser Situation auf die Weisheit unserer arbeitenden, sparenden und investierenden Mitmenschen."

Soweit einige hochkompetente Stimmen, die das Publikum in den Mainstream-Medien selten oder nie zu hören bekommt. Es ist dem Internet zu danken, dass sich die Texte solcher herausragenden Köpfe nunmehr millionenfach verbreiten, schwergewichtig allerdings in der angelsächsischen Welt. Doch wir im deutschsprachigen Raum holen auf. Die vorliegende Schrift soll ein Beitrag zu dieser Belebung sein. Sie steht im Dienste fachkundlicher Information und ist voll und ganz der wissenschaftlichen und intellektuellen Redlichkeit abseits jeglicher Sonderinteressen verpflichtet.

2. Entnationalisierung des Geldes

Nicht-nationalisiertes, nicht-staatliches (also privates) Geld hat es schon vor langer Zeit und in den meisten Ländern der Erde gegeben. Die Verbindung von privatem Geld und privaten Banken nennt man *free banking*. Das free banking ist ein System der Ausgabe von Bargeld (Münzen und Banknoten) und Einlagen-Zertifikaten (Geldzertifikate für Kundeneinlagen bei Banken) durch private Banken – mit niedrigen Hürden für den Eintritt von Wettbewerbern (weiteren Banken) und ohne zentrale Kontrolle der Reserven. Anders gesagt: Free banking bezeichnet ein Geldsystem ohne Zentralbank, bei welchem die Ausgabe von Bargeld und Depositengeld Privatbanken überlassen wird – und dies ohne gesetzliche Vorgaben oder Beschränkungen. Im historischen Rückblick haben zwar in den meisten free banking-Systemen die Regierungen die Münzprägung monopolisiert (nicht aber den Geldnotendruck) und den Geldstandard durch Gesetz festgelegt (üblicherweise Gold und Silber). In einer vollständig freien Wirtschaft wäre es jedoch erlaubt, dem Wettbewerb unter den Geldanbietern die Lösung der Frage zu überlassen, welche Münzen in welchen Nominalen und aus welchen Materialien geprägt werden – sowie welcher Geldstandard gewählt wird. (In einigen historischen Fällen war solch eine vollständig freie Wahl gegeben.)

Im 19. Jahrhundert, als Währungen üblicherweise in Form von Banknoten jener Art bereitgestellt wurden, die voll gegen Gold und Silbermünzen eingelöst werden konnten, war das free banking weit verbreitet. Ein free banking-System gab es damals auch in einigen Staaten der USA. In der westlichen Welt währte das System am längsten in Schottland, nämlich über 100 Jahre lang, von 1716 bis 1845 – und zwar in stabiler, effizienter und wettbewerblicher Form. Doch ist diese Tradition des Geldangebots noch wesentlich älter. Free banking gab es in China schon kurz nach dem Jahr 1.000. Schon damals wurden Noten von privaten und konkurrierenden Banken emittiert. Es hat im Reich der Mitte mehrere Perioden des free banking gegeben; die letzte währte von 1644 bis 1928 – also fast 300 Jahre lang. Üblicherweise dienten dabei Silber und Kupfer als Geldstandard. Die Banken des Systems blieben weitgehend unreguliert (Keine oder wenig Regierungseingriffe). Zwischen 1800 und 1900 hatten auch die meisten wirtschaftlich fortgeschrittenen Nationen Europas free banking-Systeme. Sie währten unterschiedlich lang, manche nur wenige Jahre, andere über 100 Jahre. Jedenfalls war das free banking im 19. Jahrhundert das vorherrschende Bank- und Geldsystem in Westeuropa, in Nord- und Südamerika, im Orient und im Britischen Weltreich. In einigen Fällen – z. B. in den beiden Amerika – wurde free banking erst eingeführt, nachdem man zuvor schlimme Inflationserfahrungen mit Staatsgeld gemacht hatte. Wenn sich Regierungen nach gescheiterten Experimenten zurückzogen, sprangen freie Banken ein und gaben Banknoten aus, die in festem Verhältnis zu Gold oder Silber standen.

Sobald ein free banking-System in einem Land entstand, beteiligten sich meist viele Banken daran. Im Lauf der Zeit sorgte jedoch der Wettbewerb dafür, dass sich die Zahl der teilnehmenden Bankunternehmen verringerte. Alle hatten ein jeweils landesweites Filialnetz – und nirgendwo ist ein Monopol auf die Herausgabe von Banknoten entstanden. Trotz des Wettbewerbs um Kunden kooperierten die free banks im eigenen Interesse, indem sie z. B. Clearing-Vereinbarungen trafen, was die Reserve-Anforderungen für alle verringerte. Die Zinsgestaltung blieb den jeweiligen Bankunternehmen überlassen. Es gibt keinen historischen Bericht darüber, dass die kooperierenden Banken jemals feste Zinssätze vereinbart hätten. Es gab also keine Kartellabsprachen. In späteren Phasen wurden die Banken des free banking-Systems massiv reguliert (wo kann der Staat schon seine Finger vom Geld lassen?!) und erlebten dann auch gelegentliche Finanz-Paniken. Bei Ausbruch des Ersten Weltkrieges schafften fast alle Länder den Gold- und Silberstandard ab und nutzten ihre Bankensysteme zur inflationistischen Kriegsfinanzierung. Danach wollten sie nicht mehr zum free banking zurückkehren. Die

Regierungen hatten buchstäblich „Blut geleckt" und fanden es wunderbar, sich Geld in beliebigen Mengen beschaffen zu können. Während der 20er Jahre des letzten Jahrhunderts verschwand das free banking-System deshalb vollständig.

Am besten studieren lässt sich das free banking am fast 130 Jahre lang währenden Exempel in Schottland. Das schottische System belegt nicht nur in der Theorie, sondern auch in der Praxis, dass es keinen legitimen Grund für den Staat gibt, das Geldangebot zu regulieren oder gar zu monopolisieren. Die Systeme anderer Länder bestätigen das im historischen Rückblick ebenfalls. Paul Volcker, langjähriger früherer Fed-Chairman, hat 1990 in einer Rede vor Zentralbank-Funktionären gesagt: „Wenn Sie behaupten, eine Zentralbank sei unentbehrlich für die Marktwirtschaft, dann muss ich Sie auf Hong Kong hinweisen, das als Muster freier Marktwirtschaft gilt und überhaupt keine Zentralbank hat, aber dennoch mit wirtschaftlichem Wachstum und Stabilität glänzt. Es gibt andere und effektivere Wege, die Inflation in den Griff zu bekommen, als eine Zentralbank." Die meisten Befürworter des Zentralbankwesens betonen, diese Institution sei allein schon wegen ihrer Funktion als „lender of last resort" unverzichbar – also um *bank runs* (panikartige Massenabhebungen von Geld bei „ins Gerede gekommenen" Banken) zu vermeiden. Aber obwohl es im 19. Jahrhundert bank runs bei einigen englischen Banken gegeben hat, ist derartiges bei den schottischen Banken des free banking-Systems nie geschehen. Das lag nicht nur an ihrer vorsichtigen Reserve-Politik, sondern auch an der vollen Haftung ihrer Anteilseigner, deren Zahl jeweils in die Hunderte ging und die allesamt unbegrenzt (mit ihrem gesamten Privatvermögen) haftbar für die Schulden ihrer Bank waren. Sogar wenn eine Bank hätte schließen müssen, hätten die Einleger ihr Geld von den Eigentümern zurückbekommen.

Das free banking ist ein System, das sich spontan am Markt entwickelt – eine natürliche Geldordnung. Es bedarf keines Goldstandards und keiner 100 %-Deckung der Bankeinlagen. Ein zugleich fixierter Goldstandard wäre sogar eine gefährliche Einladung für Staatsdominanz. Im Wettbewerb der verschiedenen Bankunternehmen beim free banking haben Edelmetalle als Einlösemedien natürlich stets eine Rolle gespielt, und die Gold- und Silbermünzen haben das System gestützt, aber eines Reserven-Automatismus wie beim Goldstandard bedurfte es nicht. Der entscheidende Fehler bei unserem Falschgeldsystem, dem fiat money mit staatsgelenktem Zentralbankwesen, ist nicht so sehr die Tatsache, dass es sich um Papiergeld handelt, als vielmehr der Umstand, dass wir es mit einem gesetzlichen Zwangsgeld zu tun haben, dass es zu ihm also keine Alternative gibt. Im Jahr 1909 wurden die Banknoten der Banque de France und der Deutschen Reichsbank per Gesetzeserlass zu offiziellen Zahlungsmitteln erklärt. Die übrige Welt folgte bald darauf. Professor Fekete schrieb kürzlich dazu: „Auf diese Weise wurden alle Hürden beseitigt, um in der Folgezeit den anstehenden Weltkrieg über Kredite zu finanzieren und die resultierenden Schulden über die Ausgabe von Banknoten zu monetarisieren… Zwei Staaten mit dem größten Kriegspotenzial der Welt führten Zwang ein und nötigten ihre Untergebenen, Schulden als Geld zu akzeptieren… Die Regierungen zwangen im Besonderen das Militär und auch ihre Beamten, die Papierversprechen als einziges Zahlungsmittel für die geleisteten Dienste zu akzeptieren.“ Vor 1909 hatten die umlaufenden Banknoten keinen Zwangscharakter, weil jedermann das uneingeschränkte Recht hatte, die Noten gegen Goldmünzen einzutauschen.

Die Frage, ob und wie andere Zahlungsmittel eingeführt und verwendet werden dürfen, ist nicht ganz einfach zu beantworten. In Deutschland verbietet der Artikel 35 des Bundesbankgesetzes die Verwendung von „Nebengeld". Er lautet: „Mit Freiheitsstrafen bis zu 5 Jahren oder mit Geldstrafe wird bestraft, 1. wer unbefugt Geldzeichen (Marken, Münzen, Scheine oder andere Urkunden, die geeignet sind, im Zahlungsverkehr an Stelle der gesetzlich zugelassenen Münzen oder Banknoten verwendet zu werden)… ausgibt, 2. wer unbefugt ausgegebene Gegenstände der in Nummer 1 genannten Art zu Zahlungen verwendet." In der EU besagt Artikel 106 des Vertrages von Amsterdam (1997) zum selben Thema: „Die EZB hat das ausschließliche Recht, die Ausgabe von Banknoten … zu genehmigen. Die EZB und die nationalen Zentralbanken sind zur Ausgabe von Banknoten berechtigt. Die von der EZB und den nationalen Zentralbanken ausgegebenen Banknoten sind die einzigen Banknoten, die in der Gemeinschaft als gesetzliches Zahlungsmittel gelten. Die Mitgliedstaaten haben das Recht zur Ausgabe von Münzen." Trotz dieser Rechtsvorschriften gibt es in Deutschland einige Dutzend sogenannte Regionalwährungen. Dabei handelt es sich aber fast immer um zeitlich begrenzte Werbeaktionen mit Lokalgeld, das nur für Einkäufe in Geschäften einer bestimmten Region benutzt werden kann. Daneben gibt es Ansätze von Zahlungsgemeinschaften mit hinterlegtem Gold. Noch sind diesbezüglich von den zuständigen Behörden keine ausdrücklichen Verbote verhängt worden, was u. a. wohl auch daran liegt, dass die „Gesetzlichen Zahlungsmittel"-Bestimmungen gegen etliche gültige Rechtsprinzipien verstoßen. Das entscheidende Hindernis für die Verwendung nicht-gesetzlicher Zahlungsmittel ist jedoch in dem Umstand zu sehen, dass Verträge, deren Zahlungsverpflichtungen auf andere Geldarten lauten, nicht justitiabel sind. Das heißt, dass z. B. ein Vermieter wohl einen Vertrag mit seinem Mieter schließen kann, der auf eine Monatsmiete von einem Krügerrand lautet, aber wenn der Mieter nicht mehr zahlt, kann der Vermieter seinen Anspruch nicht rechtlich geltend machen. Er muss sich dann mit dem Mieter auf eine Monatsmiete in Euro einigen. Dieser Umstand verwehrt also den Tausch- und Vertragspartnern jegliche brauchbare Alternative zu Vereinbarungen in der offiziel als „gesetzliches Zahlungsmittel" geltenden Währung.

Das Zentralbankwesen hat sich keineswegs „evolutorisch" aus dem free banking-System entwickelt, sondern war eine willkürliche Schöpfung durch staatlichen Zwangsakt mit politischem Interessenhintergrund. Es handelt sich dabei also nicht um eine moderne, fortschrittlichere Form des Geld- und Finanzwesens, wie das die meisten Ökonomen darstellen, sondern um den wahrscheinlich verhängnisvollsten Rückschritt und den folgenreichsten Fehler, den die Menschheit jemals begangen hat. Es ist deshalb kein Zufall, dass sich einer der bedeutendsten Ökonomen aller Zeiten, Friedrich A. von Hayek, des Themas mit seinem Alterswerk ‚Denationalisation of Money' angenommen hat. Das Buch war ihm so wichtig, dass er für dessen Niederschrift die Arbeit an seinem 3-bändigen Werk ‚Recht, Gesetzgebung und Freiheit' nach dem 2. Band unterbrochen hat. Der deutschen Ausgabe von 1977 stellte Hayek als Motto den Satz von Adam Smith (Wealth of Nations, 1776) voran: „Denn überall in der Welt haben Herrscher und unabhängige Staaten in ihrer Habsucht und Ungerechtigkeit das Vertrauen der Menschen missbraucht, indem sie nach und nach den ursprünglichen Metallgehalt ihrer Münzen herabgesetzt haben." In einem der Anfangskapitel schreibt Hayek: „Wenn man die Geschichte des Geldes studiert, kann man nicht umhin, sich darüber zu wundern, dass die Menschen den Regierungen so lange Zeit eine Macht anvertraut haben, die sie über 2000 Jahre hinweg in der Regel dazu gebrauchten, sie auszunützen und zu betrügen." Die Ausbeutung der Menschen durch die Herrschenden und der Betrug des Staates an seinen

Bürgern mittels Geldfälschung sind also uralt. Neu daran ist nur die unvorstellbare Größenordnung, die das Unheil heute angenommen hat, die Tausende von Milliarden an Dollar und Euro – oder welche Namen die Papierfetzen und Luftbuchungen auch immer tragen.

Hayeks Vorschlag, das Staatsmonopol auf das Geldangebot zu beenden und konkurrierende Privatwährungen entstehen zu lassen, ist zwar nicht identisch mit dem free banking, aber er kommt diesem sehr nahe. Die Geld herausgebenden Banken haben im free banking-System eigentlich ein- und dieselbe Währung bereitgestellt, weil die Noten zwar verschieden aussehen konnten, aber alle gegen dasselbe Medium einlösbar waren, nämlich gegen Gold. Bei Hayeks konkurrierendem Privatgeld wäre das anders. Die verschiedenen Geldsorten würden sich hinsichtlich ihrer kaufkraftsichernden Bindungen an Vermögensgüter oder Indices unterscheiden. Für Hayek ist es denkbar, dass nicht nur Banken als Anbieter einer eigenen Währung auftreten, sondern auch andere Wirtschaftsunternehmen oder Konsortien. Die Art und Weise, wie sie hierbei den Wettbewerb um das jeweils solideste Geld bestreiten würden, wäre gewiss sehr verschieden. Wahrscheinlich würden Gold und Silber (mehr als Preis-Orientierungsmedien denn als Deckungsmaterialien) eine Rolle spielen, bei einem Anbieter mehr, beim anderen weniger – und insgesamt vielleicht nur für eine gewisse Zeit. Aber auch die nicht-materialisierte, rein statistische Bindung des nominellen Geldangebotes an Preis-Indices von Rohstoffen und Agrargütern wäre denkbar. Natürlich müssten die gesetzlichen und rechtlichen Beschränkungen durch die „Gesetzliche Zahlungsmittel"-Regularien abgeschafft werden. Den Regierungen sollte es lediglich noch freistehen, darüber zu entscheiden, in welchem Zahlungsmittel die Steuern zu entrichten sind. Hayek sieht zwar die immense Bedeutung des Goldes in der Geschichte des Geldes, nicht weil es einen „Wert an sich“ darstellen würde, sondern weil es nicht beliebig vermehrbar war/ist und somit auch den herrschaftlichen oder staatlichen Geldmonopolisten Zügel angelegt hat. Aber er schreibt: „Ich glaube, wir können viel Besseres erreichen, als es jemals mit Gold möglich war. Regierungen können allerdings nichts Besseres leisten. Doch freier Wettbewerb, d. h. die Institutionen, die aus dem Prozess des Wettbewerbs um gutes Geld hervorgingen, würden ohne Zweifel etwas Besseres zustande bringen.“

Dem Einwand, mit seinem Modell hätten wir letztlich wiederum nichts anderes als Geld, das vom Einhalten von Versprechungen abhängt, entgegnet Hayek sinngemäß: Das tun wir beim fiat money seit fast einem Jahrhundert; aber weil es sich bei denjenigen, die uns das Versprechen gegeben haben, um Macht- und Herrschafts-Monopolisten und um Geldangebots-Monopolisten zugleich handelt, werden wir von ihnen immer wieder betrogen und ausgebeutet. Und eben das könnte bei privaten Wettbewerbern nicht geschehen, weil sie 1. keine Zwangsgewalt ausüben können – und 2. der Markt ihnen bei Verschlechterung der Kaufkraft ihres Geldes sofort die Geschäftsgrundlage entziehen würde, indem die Leute zum solideren Geld eines Konkurrenten wechseln. In Hayeks Modell müsste die Zentralbank nicht sofort abgeschafft werden, sondern wäre lediglich den anderen Geld anbietenden Instituten (ohne jegliche Privilegien) gleichzustellen. Allerdings bleibt auch bei Hayeks Vorschlag der Staat eine ständig drohende Gefahr für Verfälschungen und für Eingriffe in das System konkurrierenden Privatgeldes. Er schreibt deshalb gegen Ende seines Buches: „Solange die Regulierung des Geldes in den Händen der Regierung liegt, glaube ich nach wie vor, dass der Goldstandard mit allen seinen Unvollkommenheiten das einzig tragbare System ist. Doch wir können sicherlich Besseres erreichen, allerdings nicht durch die Regierungen.“ Und an anderer Stelle: „Es mag sehr wohl geschehen, dass sich bei freiem Wettbewerb zwischen verschiedenen Geldarten zunächst Goldmünzen als die beliebteste erweisen. Aber gerade diese Tatsache, d. h. die zunehmende Nachfrage nach Gold, würde wahrscheinlich zu einem solchen Anstieg … des Goldpreises führen, dass es, obgleich es noch weiterhin Zwecken der Hortung dienen dürfte, aufhören würde, sich als Einheit für Geschäftsverkehr und Rechnungswesen zu eignen. Es sollte sicherlich zu seinem Gebrauch die gleiche Freiheit bestehen, aber ich nehme nicht an, dass es damit einen Sieg über andere Formen privat emittierten Geldes erringt, dessen Nachfrage davon abhängt, dass seine Menge mit Erfolg so reguliert wird, dass seine Kaufkraft konstant bleibt."

Für Hayek ist eine Alternative zum staatsmonopolistischen Geld, also zum sozialistischen Geld, von so ungeheurer Bedeutung, dass er sie mit dem Überleben der Zivilisation gleichsetzt. „Ich fürchte", schreibt er abschließend, „dass die ‚Keynesianische' Propaganda – seit sie bis zu den Massen durchgesickert ist – Inflationen gesellschaftsfähig gemacht hat… Der einzige Weg zu verhindern, dass man durch andauernde Inflation in eine zentral gelenkte Wirtschaft hineingleitet, und somit letztlich die Zivilisation zu retten, wird darin bestehen, den Regierungen ihre Macht über das Geld zu entziehen." Wie dringlich ihm sein Vorschlag erscheint – und wie wenig Zeit uns bleibt, kommt in den letzten zwei Sätzen der Schrift zum Ausdruck: „Der Vorschlag deutet den einzigen Weg an, auf dem wir noch hoffen können, der anhaltenden Entwicklung aller Regierungen in Richtung auf den Totalitarismus Einhalt zu gebieten, der vielen scharfen Beobachtern als unvermeidbar erscheint. Ich wünschte, ich könnte den Rat geben, langsam vorzugehen. Aber die Zeit mag kurz sein."

Das wurde, wie gesagt, vor über 30 Jahren geschrieben. Das heißt, die Zeit, die uns für einschneidende Änderungen des Geldsystems bleibt, ist nicht mehr kurz, sondern sie ist abgelaufen. Es ist zu spät. Was noch möglich sein könnte, ist das Zulassen alternativer Zahlungsmittel inmitten der zusammenbrechenden Welt des fiat money – gewissermaßen als Schutzbunker zwischen den Trümmern der einstürzenden Babylonischen Türme des Finanzsystems aus staatlichem Zwangsgeld. Ob free banking – oder im Wettbewerb angebotenes Privatgeld – oder der Goldstandard – oder Gold- und Silbermünzen als Zahlungsmittel: Diese Entscheidung wäre gewiss von großer Bedeutung bei der Errichtung eines neuen und staatsfreien Währungssystems. Aber dazu bedürfte es eines vernünftigen Konsenses der Machteliten – und das bleibt illusorisch. Zu riesig und zu mächtig sind die betonierten Sonderinteressen des Finanz- und Wallstreet-Komplexes, des militärisch-industriellen Komplexes, des Wohlfahrts-Komplexes, des Infrastruktur- und Zivilschutz-Komplexes und des UNO-Weltregierungs-Komplexes. Sie alle haben die Massenmedien erobert, das Bildungswesen monopolisiert und die Propaganda-Techniken zur Lenkung und Falschinformation der Massen perfektioniert. Es bedurfte dazu keiner „Verschwörung", sondern nur des Herausbildens eines stillschweigenden Kartells gemeinsamer Macht- und Pfründe-Interessen, die nur im Billionen-Meer des fiat money errichtet, betrieben und finanziert werden können. Eine „geordnete Reform" bleibt vor diesem Hintergrund ein frommer Wunschtraum.

Doch die aktuelle Weltverschuldungs-Krise und das, was ihr noch folgen wird, macht eine Notlösung zwingend erforderlich. Wenn die Netze der weltweiten Arbeitsteilung auch nur an einigen Stellen reißen, wenn die Globalisierung zusammenbricht, weil sie vom papierenen Falschgeld namens Dollar getragen wird, dann werden Chaos und Panik die Folgen sein, Hungertod und Revolten – und ein eiserner Ring totalitärer Gebote und Verbote, der sich um die ganze Erde legen und die Völker zu Insassen von nationenweiten Gefängnissen und Elendslagern machen wird. Vielleicht ist der einzig noch verbleibende Fluchtweg der, den Antal E. Fekete, Professor of Money and Banking an der San Francisco School of Economics, im Juli 2009 in einem Brief an Paul Volcker, Fed-Chef von 1979 bis 1987, vorgeschlagen hat: Nämlich das monetäre Gold der Welt zu reaktivieren, indem der US-Münzprägeanstalt die freie und unbegrenzte Prägung von Goldmünzen zugestanden wird (wobei der Goldpreis völlig frei und unreguliert bleiben müsste). Andere Nationen könnten dem Beispiel folgen. Der Vorschlag Feketes beruht auf der Annahme, die Besitzer von US-Bonds würden sich beruhigen, wenn man ihnen zusicherte, dass die Staatsschulden auf Wunsch auch mit Goldmünzen zurückgezahlt werden. Dies erscheint jedoch unrealistisch, weil dafür das vorhandene Gold – auch bei starken Preissteigerungen – nicht ausreicht. (Das gilt jedoch nicht für einen reinen internationalen Goldstandard; dort würde *jede* Menge Goldes ausreichen). Aber vielleicht könnte man diesen Beruhigungseffekt auch erzielen, indem den Bondhaltern nur die Zahlung der Zinsen (auf Wunsch) in Gold freistellen würde. Damit könnte man Zeit gewinnen für die Planung eines neuen, soliden und privaten Geld- und Währungssystems. Wir sollten dem Gold mehr vertrauen als machthungrigen Menschen. Es hat weder deren Schwächen noch böse Absichten. Es war, ist und bleibt das Geld der Freiheit.

LITERATURVERZEICHNIS

Bandulet, Bruno: 1) Gold & Money Intelligence, Mai 2009.

Batemarco, Robert: „Austrian business cycle theory“, in: Peter J. Boettke (ed.): The Elgar Companion to Austrian Economics, Edward Elgar Publishing, Aldershot, England 1994, pp. 216-223.

Bonner, Bill: 1) Artikel „An Even Greater Depression“, *The Daily Reckoning* v. 01.05.2009.
2) Artikel „Der Teufel Schulden wird sein Recht fordern“, *KapitalmarktAkte* v. 29.10.2009.

Brandly, Mark: Artikel „12 Cents-Hamburgers and 600 Dollar Cars“, *mises.org* v. 25.10.2006.

Burke, Edmund: Reflections on the Revolution in France, London 1790. Deutsch: Betrachtungen über die Französische Revolution, Manesse Verlag, Zürich, 1987.

Carden, Art: Artikel „Credit Expansion and Sumarginal Investments“, *mises.org* v. 03.01.2008.

Crefeld, Martin van: The Rise and Decline of the State, Cambridge University Press, Cambridge, 1999. Deutsch: Aufstieg und Untergang des Staates, Gerling Akademie Verlag, München 1999.

Dalrymple, Theodore: Artikel „Inflation's Moral Hazard“, *city-journal.org*, 04.09. 2009

Denning, Dan: Artikel „Do Deficits Matter?“, *The Daily Reckoning* v. 26.02.2004.

Fekete, Antal E.: 1)Artikel „Vergessener Jahrestag: 100 Jahre gesetzliche Zahlungsmittel“, *goldseiten.de* v. 11.11.2009.
2) Offener Brief an Paul Volcker vom 10.07.2009: „Gold aktivieren, um die Weltwirtschaft zu retten“, *goldseiten.de* v. 14.12.2009.

Fischer, Andre: Artikel „Wie Notenbanken Geld aus dem Nichts schaffen", *goldseiten.de* v. 23.10.2008.

Galles, Gary: Artikel „Greedy-Bastard Economics", *mises. org* v. 06.10.2009.

Griffin, G. Edward: Die Kreatur von Jekyll Island – Die US-Notenbank FEDERAL RESERVE, Jochen Kopp Verlag, Rottenburg 2006.

Hahn, L. Albert: Wirtschaftspolitik des gesunden Menschenverstandes, Fritz Knapp Verlag, Frankfurt a. M., 2. neubearb. u. erweit. Auflage 1955.

Hayek, Friedrich A. : 1) A Tiger by the Tail / The Keynesian legacy of inflation, The Institute of Economic Affairs, London 1972, Second Edition 1978.

2) Preise und Produktion, Verlag Julius Springer, Wien 1931.

3) Denationalisation of Money, The Institute of Economic Affairs, London 1976; Second Edition, revised and enlarged, 1978, Third Edition, with a new Introduction, 1990. Deutsch: Entnationalisierung des Geldes, J.C.B. Mohr (Paul Siebeck), Tübingen 1977.

Hochreiter, Gregor: Krankes Geld – kranke Welt, Resch Verlag, Gräfelfing 2010.

Hoffmann, Christian u. Pierre Bessard (Hrsg.): Aus Schaden klug? Ursachen der Finanzkrise und notwendige Lehren, Edition Liberales Institut, Zürich 2009.

Hülsmann, Jörg Guido: 1) Die Ethik der Geldproduktion, Manuskriptum Verlagsbuchhandlung, Waltrop und Leipzig 2007.

2) Interview-Artikel „Perverse Anreize des gegenwärtigen Währungssystems", *Smart Investor* nr. 2/2009, S. 28-30.

3) Artikel „Geldpolitische Spinnereien", *ef-mazgazin* Nr. 94, Juli / August 2009, S.41.

Issing, Otmar: Einführung in die Geldtheorie, 4. überarb. Auflage, Franz Vahlen, München 1981.

Mankiw, N. Gregory: Grundzüge der Volkswirtschaftslehre, Schäffer-Poeschel, Stuttgart 1999.

Menger, Carl: Grundsätze der Volkswirtschaftslehre, Band I, 2. Aufl. Mohr, Tübingen 1968.

Mises, Ludwig: 1) Theorie des Geldes und der Umlaufsmittel, Unveränderter Nachdruck der zweiten, neubearbeiteten Auflage von 1924, Duncker & Humblot, Berlin 2005.
2) Erinnerungen von Ludwig v. Mises, Gustav Fischer Verlag, Stuttgart / New York 1978.

Murphy, Robert: The Political Incorrect Guide to the Great Derpression and the New Deal, Regnery 2009.

North, Gary: 1) Artikel „What is Money? Part 2: Precious Metal Coinage“, *lew rockwell.com* v. 02.10.2009.
2) Artikel „Keynes, Crackpots, and Deflation“, *lewrockwell.com* v. 14.07.2009.
3) Artikel „The Third Rail of Academia“, *lewrockwell.com* v. 16.09.2009.

O'Keeffe, Dennis: Political Correctness and Public Finance, IEA Studies in Education No. 9, London 1999.

Polleit, Thorsten: Artikel „Umverteilung durch Inflation“, *FAZ* v. 26.02.2007.

Prollius, Michael von: Die Pervertierung der Marktwirtschaft, Olzog, München 2009.

Reisman, George: Artikel „Sinkende Preise sind nicht gleich Deflation, sondern das Gegenmittel gegen Deflation“, *georgereisman.com* v. 09.01.2009.

Ritschl, Albrecht: Artikel „Kanonen statt Butter“, *Handelsblatt* v. 25.06.2007.

Rockwell, Llewellyn H., Jr.: Artikel „What Government Is Doing to Our Money“, *lewrockwell.com* v. 22.09.2006.

Rothbard, Murray M.: 1) America's Great Depression, 1963, Fourth Edition, Richardson & Snyder, New York, 1983.
2) Beitrag „Keynes, the Man“, in: Mark Skousen (ed.):

Dissent on Keynes: A Critical Appraisal of Keynesian Economics, New York: Praeger, 1992, pp.171-198.

Schuler, Kurt: Art. „The history of free banking", in: Peter J. Boettke (ed.): The Elgar Companion to Austrian Economics, Edward Elgar Publishing, Aldershot 1994, pp. 414-418.

Sennholz, Hans F.: 1) Artikel „The Great Depression", *The Freeman*, October 1969.

2) Artikel „The Biggest Myth about Money", *sennholz.com* 5.5. 2003.

Starbatty, Joachim: Artikel „Geldpolitische Hygiene statt keynesianische Hydraulik", *Handelsblatt* v. 16.03.1999.

Stiglitz, Joseph: Artikel „The Anatomy of a Murder: Who Killed America's Economy?", in: *Critical Review*, Vol. 21, June 2009, pp. 329-339.

Taghizadegan, Rahim: 1) Artikel „Der Kontradieff-Mythos", *goldseiten.de* 12.04. 2008.

2) Beitrag „Das Versagen der Volkswirtschaftslehre", in: Christian Hoffmann u. Pierre Bessard (Hrsg.): ‚Aus Schaden klug? Ursachen der Finanzkrise und notwendige Lehren', Edition Liberales Institut, Zürich 2009, S. 77-103.

3) Ökonomie. Aufstieg und Verfall einer Wissenschaft, Institut für Wertewirtschaft, Wien o.J. (info@wertewirtschaft.org)

Thornton, Mark: Artikel „The Upside-down of John Maynard Keynes", *mises.org* v. 23.04.2009.

White, Lawrence H.: Free Banking in Britain, 1984, reiss. ed.: The Institute of Economic Affairs, London 2008.

Woods, Thomas E.: Meltdown, Regnery Press, Washington, DC, 2009.

Zöller, Michael: Artikel „Haben wir denn im Kapitalismus gelebt?", *faz.net* v. 04.08. 2009

Zweig, Stefan: Die Welt von Gestern. Erinnerungen eines Europäers, 1942, 37. Auflage, S. Fischer, Frankfurt a.M., Juli 2009.

Zum Autor:

Roland Baader, geb. 1940, ist Diplom-Volkswirt (Studium bei F.A. von Hayek). Nach rund 20-jähriger Unternehmertätigkeit wurde er Privatgelehrter und freier Autor. Bisher sind aus seiner Feder erschienen: 15 Bücher, ca. 30 Buchbeiträge und einige Hundert Artikel in Zeitungen und Zeitschriften. Baader ist Mitglied der Mont Pèlerin Society und der Property and Freedom Society.

Anmerkung des Verlages:

Wie etliche seiner wirtschaftswissenschaftlichen Kollegen in den USA, die in der geistigen Nachfolge großer Ökonomen wie Ludwig von Mises, Friedrich A. von Hayek und Murray N. Rothbard stehen, hat Roland Baader die aktuelle Weltkrise klar vorausgesehen. Sein erstmals 2004 im Resch-Verlag erschienenes Buch ‚Geld, Gold und Gottspieler' trug den (damals für einen ernsthaften Wissenschaftler noch sehr gewagten) Untertitel: ‚Am Vorabend der nächsten Weltwirtschaftskrise'.

Roland Baader

Geld, Gold und Gottspieler

Am Vorabend der nächsten Weltwirtschaftskrise

344 Seiten, Paperback, € 18,90
ISBN 978-3-935197-42-7

Roland Baader hat bereits vor mehr als 10 Jahren prognostiziert, dass der Sozialstaat nicht zu halten ist – heute belegt er, dass das Staatsmonopol Geld die Industrieländer in die schwerste Wirtschaftskrise führen wird. Das falsche Geld als Ursache der rasanten Staatsverschuldung und damit Ursache iner nicht mehr zu bewältigenden Krise wird von den wenigsten Ökonomen erkannt. aader belegt: Es ist nicht der freie Markt der versagt, sondern das falsche, weil staatlihe Geld, das den Wirtschaftskreislauf vergiftet.

Dr. Ingo Resch

Evolutionslehre und Bibel

Auswirkungen auf die Weltanschauung im Vergleich

192 Seiten, Paperback, € 14,95
ISBN 978-3-935197-83-0

Führen Evolutions- und biblische Schöpfungslehre zu unterschiedlichen Weltanschauungen oder lassen sich beide vereinbaren, gar miteinander kombinieren? Dieses Buch stellt nicht die grundsätzliche Wahrheitsfrage, sondern zeigt auf, welche Auswirkungen sie jeweils auf das Weltbild haben, enn die eine oder die andere Sicht als gültig angesehen wird. Eingangs wird skizziert, as die Evolutionslehre, die Forschungen zur Erdgeschichte und die Genesis besagen nd inwieweit sie wissenschaftlichen Anforderungen genügen. Strukturelle Unterchiede werden verdeutlicht: So stellt z. B. in der Genesis die Information (das Wort) die usgangslage dar und Zeit ist die Folge, in der Evolutionstheorie bildet die Zeitdauer agegen eine wesentliche Voraussetzung und Informationen sind die Folge.

erlag Dr. Ingo Resch GmbH http: www.resch-verlag.com
aria-Eich-Straße 77 · D-82166 Gräfelfing · 089/85465-0 · Fax 089/85465-11